中小学校外教育
教学开发与实施研究

长沙市少年宫◎著

ZHONG-XIAOXUE XIAOWAI JIAOYU

JIAOXUE KAIFA YU SHISHI YANJIU

湖南教育出版社

序

　　随着国家的发展和综合国力的提高，中小学校外教育越来越受到重视。长沙市少年宫的教师在开展校外教育教学工作时，深感编撰符合学生需要的教学用书的迫切性。2017年3月，长沙市少年宫以"中小学校外教育教学用书开发与实施的研究"为课题向长沙市教育科学研究规划办进行申报；同年7月，此课题获批市级重点资助课题。长沙市少年宫课题组成员经过三年的潜心研究，其心血凝聚而成的课题成果——《中小学校外教育教学开发与实施研究》面世，这是一件令人欣喜的事。

　　本书由一份课题结题报告、二十一篇教学论文、二十篇教学设计组成。结题报告全面论述了中小学校外教育教学用书开发的背景、目的、编写原则、步骤、常用方法、要注意的问题、教学用书实施的具体方法以及研究的成效和影响等，较为客观地反映了研究工作的价值与意义。教学论文部分是参与课题研究教师对自身参与编撰教学用书积累的经验、在教学实施中采取的策略、在课题管理中的做法等方面的论述，对校外教育的教学资源开发与教学资源的有效利用有一定的借鉴性。教学设计部分是一线的教师在使用教学用书时，就其中一课的内容在课堂教学中的具体实施安排，具有可操作性，且能从中品味到教师蕴含其中的教育理念与教育情怀。全书所有内容均由长沙市少年宫课题组成员提供。

长沙市少年宫始建于 1951 年 10 月 1 日，是长沙市教育局直属二级机构。长沙市少年宫主要负责组织和承办长沙市中小学生开展德育、科技、体育及书法、绘画、声乐、舞蹈、器乐、文学等艺术教育活动的教育、培训、辅导工作。2021 年，长沙市少年宫将搬迁至总投资 2.9 亿元、占地面积 51.75 亩、建筑面积 41 000 平方米的新址。国家对校外教育的重视、投入和要求更高，校外教育将迎来新的发展机遇与挑战。长沙市少年宫将不负使命，与时俱进，为国家培养高素质人才、为创建儿童友好型城市贡献力量。本书的出版，期望能给从事校外教育的同行提供一些帮助。

由于一线教师理论积淀不够，出书经验有限，本书难免存在一些不足，敬请各位专家和同行们批评指正！

江波

2020 年 8 月

目　录

总　论

"中小学校外教育教学用书开发与实施的研究"结题报告/江　波　苏巧新
　　………………………………………………………………………………… 001

理论争鸣·教学论文

浅析校外教育教学用书开发与实施的课题研究管理/唐冬梅 ………… 020

中小学写作教学中思想与情感导向对策/苏巧新 ……………………… 024

中小学课外阅读教学模式变革初探/殷　鹏 …………………………… 032

小学写作教学新思路探索/王　圣 ……………………………………… 037

从"米字格"三部曲感受书法字形之美

　　——基于结构认知逻辑的小学书法教学探讨/周　扬 …………… 041

少儿美术线描教学新思路/周圆圆 ……………………………………… 046

校外少儿美术教学用书编写实践与探索/谢苏佩 ……………………… 051

浅谈中小学开设创客教育课程的意义/龚树梁 ………………………… 054

小学阶段校外科学教育的现实桎梏与突破路径探析

　　——基于"STEAM"教育理念/姚　佳 ……………………………… 058

学科交融，有机结合

　　——例谈多学科知识在舞蹈教学中的应用/张芳辉 …………… 064

如何在舞蹈教学中培养少儿的兴趣/叶　卷 …………………………… 068

如何塑造与表现儿童舞剧中的艺术形象

　　——以原创儿童小舞剧《猫的城》为例/赵　檬 ………………… 072

开放式运动技能教学对小学生乒乓球学习兴趣的影响/胡颖佳 ……… 080

校外教育中小学阮乐教学用书编写中存在的问题及探究/胡玲好 ……… 087

浅谈钢琴教学中学生自主学习能力的培养/陈　璐 ……………………… 090

校外教育小学声乐课的实践与思考/周雅洁 ……………………………… 093

浅析信息技术在儿童二胡集体课程的应用/李崇博 ……………………… 096

扬琴曲《喜讯》的曲式结构与演奏技巧/唐　昱 ………………………… 100

中小学校外教育竹笛教学管窥/吴　蔚 …………………………………… 103

儿童钢琴集体课的教学探究/于志勤 ……………………………………… 108

中小学校外教育写作教学用书的编写策略/苏巧新 ……………………… 112

实践探索·教学设计

《基本笔画——捺》书法教学设计/周　扬 ……………………………… 118

《把大海装进瓶子里》美术教学设计/谢苏佩 …………………………… 126

《"春风又绿江南岸"——如何让文字变得生动》写作教学

　　　设计/殷　鹏 …………………………………………………………… 130

《不滴漆的漆刷》通用技术教学设计/龚树梁 …………………………… 134

《"手腕的魔法"——轮奏技巧》阮专业教学设计/胡玲好 …………… 139

《不一样的电路连接》通用技术教学设计/姚　佳 ……………………… 144

《音乐大师课——演奏乐曲时如何提高音乐的表现力》扬琴教学

　　　设计/唐　昱 …………………………………………………………… 149

《C调第一把位学习》二胡教学设计/李崇博 …………………………… 153

《小桥流水》声乐教学设计/周雅洁 ……………………………………… 158

《奇妙的强弱》钢琴教学设计/于志勤 …………………………………… 164

《我爱老师的目光》舞蹈课教学设计/叶　卷 …………………………… 169

《认识五线谱》钢琴教学设计/陈　璐 …………………………………… 174

《玉兰花》写作教学设计/王　圣 ………………………………………… 181

《吐音、音头练习》竹笛教学设计/吴　蔚 ……………………………… 187

《线描中的黑白灰对比》美术教学设计/周圆圆 ………………………… 191

《神奇的弓法——快弓》二胡教学设计/陈志坚 ………………………… 194

《横板反手推挡》乒乓球教学设计/胡颖佳 ……………………………… 201

《〈咏鹅〉模仿与想象》舞蹈课教学设计/赵　檬 ……………………… 205

《书香弥漫（读后感）》写作教学设计/苏巧新 ………………………… 209

《神奇的"线"》舞蹈教学设计/张芳辉 ………………………………… 216

后　记 ………………………………………………………………… 220

总　论

"中小学校外教育教学用书开发与实施的研究"结题报告 *

一、问题的提出

随着社会对人才要求的多样化，越来越多的家长不仅重视学校的学科教育，还注重校外的综合素养教育。与家长的校外教育需求相适应，五花八门的校外教育培训机构如雨后春笋。在这些校外教育培训机构中，尽管多数培训机构注重教育质量，但也有一些培训机构教育质量堪忧。不少校外教育培训机构以盈利为目标，教学内容不科学，师资水平较低，教学效果较差。一些正规校外教育场所也存在校外教育目标模糊、课程设置不合理、教学用书缺乏、教学内容随意、教师素养不高等问题。本课题组认为，教学用书缺乏这一问题特别值得重视和研究。教师没有教学用书，意味着学生在校外学习时没有合适的课本，没有检验学习效果的依据。因此，中小学校外教育教学用书的开发与实施显得非常迫切和必要。为此，我们提出并申报了 2017 年长沙市教育科学规划课题——中小学校外教育教学用书开发与实施的研究，此课题被批准为市级重点资助课题（课题批准号：201702）。

---

* 　执笔：江波，苏巧新；课题主持人：江波；课题执行组长：苏巧新；课题副组长：唐冬梅；课题组成员：江波、唐冬梅、苏巧新、虢长明、张芳辉、周圆圆、周雅洁、谢苏佩、龚树梁、李崇博、周扬、唐昱、王圣、吴蔚、胡颖佳、陈璐、叶卷、姚佳、胡玲好、殷鹏、陈志坚、于志勤、赵樽、郭晟、王颖昇、李添新。

二、国内外研究现状述评

国内外学者就校外教育进行了大量研究，孔锴在《国际中小学校外教育现状及我国的策略选择》中指出，终身教育、终身学习的背景下，校外教育越来越成为各国建构终身教育体系的重要途径和内容。[①] 康丽颖在《校外教育的概念和理念》中指出，校外教育作为我国教育系统中的一个重要组成部分，在长达半个世纪的实践中，已经形成了一套不同于学校教育系统的活动机构、活动方式、活动内容和活动结果，在人才培养并在个体的成长中发挥着举足轻重的作用，是个体终身教育的重要组成部分。[②] 曹舒婷的《校外教育的乱象、原因和管理》[③]、崔国富的《中小学生校外教育乱象的治理困境与突破》[④] 等指出了校外教育的问题与解决对策。但就我们掌握的文献来看，关于中小学校外教育教学用书开发与实施的研究几乎是空白，因而研究中小学校外教育教学用书的开发与实施非常有意义。

三、概念界定

校外教育，指利用课余时间对九年制义务教育的中小学生进行的各种有目的、有计划、有组织的教育。

校外教育教学用书开发，指各专业教师在进行校外教育时，根据党和国家对中小学生发展的要求与各专业培养目标，将符合新的教育理念、符合时代要求的教学内容、先进的教学形式编撰成本专业的教学用书，供从事相关专业校外教育的教师与学生使用。

校外教育教学用书实施，指各专业教师在校外教育教学用书开发的基础上，在进行校外教育时科学使用各专业教学用书，形成高效的课堂教学机制，实现培养目标。

中小学校外教育教学用书开发与实施的研究，指在教育行政部门主管下

① 孔锴. 国际中小学校外教育现状及我国的策略选择 [J]. 外国教育研究，2004（6）.
② 康丽颖. 校外教育的概念和理念 [J]. 河北师范大学学报（教育科学版），2002，4（3）.
③ 曹舒婷. 校外教育的乱象、原因和管理 [D]. 呼和浩特：内蒙古师范大学，2013.
④ 崔国富. 中小学生校外教育乱象的治理困境与突破 [J]. 当代教育科学，2015（3）.

的正规校外教育场所（少年宫）对中小学生进行公益培训而开展的专业教学用书的编撰、使用及研究。

四、理论依据

本课题的理论依据有中共中央办公厅、国务院办公厅《关于进一步加强和改进未成年人校外活动场所建设和管理工作的意见》，新课程标准，《国家中长期教育改革和发展规划纲要（2010—2020 年)》，有效教学理论，课程理论，维果茨基的心理发展理论等。

五、研究目标

中小学校外教育教学用书开发的研究目标：分级编著美术、书法、声乐、舞蹈、二胡、竹笛、扬琴、钢琴、中阮、写作、科技、乒乓球等专业教学用书。

中小学校外教育教学用书实施的研究目标：实现高效课堂教学，提高学生的专业技能与综合素养，提高教师的业务水平。

六、研究内容

本课题研究的内容既包括确定各个专业学生的培养目标，再根据培养目标分级编著一套适合学生两年学习的教学用书，也包括根据教学用书进行高效的课堂教学，还包括通过校外教育教学用书的开发与实施提高教师的校外教育教学用书开发与实施水平，进而培养教师队伍。[①]

七、研究方法

本课题主要采用了文献研究法、案例研究法、调查研究法、行动研究法。

在课题申报前进行了广泛的调查研究，查阅了大量的文献，使课题的研究具有针对性和实用性。

课题实施阶段主要采用行动研究法和文献研究法，参与课题的教师一边进行教学用书开发的各项研究工作，一边思考教学用书实施的具体步骤、方

----

① 姚利民. 有效教学论：理论与策略 ［M］. 长沙：湖南大学出版社，2005.

案等。

课题组教师在教学用书实施的研究中，就典型的教学案例进行严格审视、客观评价与反复分析，从中总结适合本专业的教学策略与方法，提高专业教学质量，并积极与其他专业的教师进行交流、分享，从而全面促进校外教育整体水平的提升。

正是由于在不同的研究阶段采用了合适的研究方法，研究工作实施顺利，研究成果突出。

八、研究对象

接受长沙市少年宫公益培训的长沙市中小学生，从事公益校外教育的教师，中小学校外教育教学用书的开发与实施情况。

九、研究过程

（一）申报立项

长沙市少年宫在分析研究相关资料及本单位多年实际工作情况的基础上，初步确立课题名称、意义、内容、方法、过程与措施，并于 2017 年 3 月向长沙市教育科学研究规划办申报，7 月此课题成功获批重点资助课题，12 月 13 日课题正式开题。

（二）初期研究

2018 年 1 月至 5 月，为课题初期研究阶段。首先，教师们在学习课题研究方案、课题研究总纲、与本专业相关的中小学课程标准，了解学生需求与专家引领的基础上，制定出本专业教学用书的编写纲要。每本书设定为 15 课主题教学与 2 个综合实践活动。每本书的纲要编订好之后先进行集体讨论与交流，然后再进行修改。

（三）中期研究

2018 年 5 月至 2020 年 7 月为课题中期研究。中期研究分为教学用书开发和教学用书实施两个阶段。

教学用书开发阶段。2018 年 5 月至 12 月，完成教学用书初稿开发；2019 年 1 月至 8 月，边实施开发工作边修订教学用书；2019 年 9 月完成全部教学用书开发工作并印制成书供学生使用。

教学用书实施阶段。2019 年 9 月至 2020 年 7 月为教学用书实施研究阶段，主要包括课堂教学研讨和教学论文与教学设计的交流、讨论。

中期研究时，课题组针对研究中遇到的问题进行了专题学习与专项交流，集中群体智慧解决实际问题。

（四）后期研究

2020 年 8 月至 9 月为课题整理、结题阶段。主要进行了四个方面的工作：整理与归类研究资料，统计师生在课题研究中取得的成果；收集课题优秀论文与教学设计，出版课题成果；撰写课题结题报告，申请结题；继续开展教学用书开发与实施研究，推广课题成果。

十、研究成效与成果

课题"中小学校外教育教学用书开发与实施的研究"历时三年，课题组成员在研究过程中发挥主观能动性与团结协作的精神，积极探索，努力实践，在探索中小学校外教育专业教学用书编写与实施的策略方面积累了一定的经验，促进了教师自身专业技能与教育教学智慧的成长，提升了中小学生的专业素养与综合素养，在课题研究上也积累了一些经验。

（一）探索了中小学校外教育专业教学用书编写的策略

1. 提出了编写专业教学用书的基本原则

艺术性与思想性统一的原则。长沙市少年宫是长沙市广大中小学生艺术教育的启蒙殿堂。而艺术教育以审美为核心，主要作用于人的情感世界。声乐、舞蹈、器乐、写作、体育（乒乓球）教学用书要能引导学生通过聆听、模仿、练习、欣赏、创作等实践活动，充分体验蕴含于各种艺术形式中的美和丰富的情感，为歌曲或乐曲、舞蹈、文学、运动等所表达的真、善、美的理想境界所吸引、所陶醉，并产生强烈的情感共鸣；使艺术净化心灵、陶冶情操、启迪智慧、情智互补的作用和功能得到有效发挥，养成健康、高尚的审美情趣和积极乐观的生活态度，积极践行培养、弘扬社会主义核心价值观。同时，艺术教育也为学生终身热爱艺术、热爱生活、健康快乐地生活打下良好的基础。写作老师王圣、殷鹏、苏巧新分别编写的《中小学写作教学用书》初级、中级、高级三本，都非常重视对学生文学艺术的熏陶与高尚思想情感的引导，书中所选的每一个写作主题都蕴含着对学生思想情感潜移默化的教育。

专业性与多学科有机融合的原则。中国学生发展核心素养，以坚持科学性、注重时代性和强化民族性为基本原则，以培养"全面发展的人"为核心，分为文化基础、自主发展、社会参与三个方面，综合表现为人文底蕴、科学精神、学会学习、健康生活、责任担当、实践创新六大素养。专业教学用书的编写应注重专业知识的传播与专业技能的培养，但也要有意识地将非本专业的内容巧妙地融入其中。书法老师周扬编写的《中小学书法（初级）教学用书》，在教授书法基本笔画的同时，巧妙地融入了书法家的故事、生活中的书画美景和《说文解字》中的知识，丰富有趣且文化底蕴深厚，深得学生和家长好评。

科学性与实用性统一的原则。教学用书是教师的教本，也是学生的课本。教学用书里的知识应是准确的、科学的。教学用书编写者要从浩瀚的专业知识体系中选出适合本阶段年龄学生发展水平的内容，让学生易于接受。也就是说，学生使用教学用书时应觉得这本教学用书很好用。龚树梁老师编写的《中小学科技（中级）教学用书》就能很好地解决学生在日常生活中遇到的小问题，如抓鱼手套、拾蛋器、自动吸水的豆芽床等，都是将科学知识融入动手解决问题的情境中，让学生学起来很有成就感。

2. 明确了编写专业教学用书的基本步骤

在教学用书的编写过程中，课题组先规划好整套教学用书的整体体例。每册书安排 15 课主题教学、2 个主题综合实践活动。丛书的总序由课题主持人江波撰写，阐述编写这套教学用书的目的、意义。教学用书的封面统一由美术教师周圆圆设计。教学用书编订好后统一印制。课题组成员在编写本专业教学用书时"八仙过海，各显神通"，体现特色。综观整个编写过程与呈现出来的教学用书，编写专业教学用书的基本步骤如下：

　　确立目标。为什么要编写教学用书？这是编写者要反复思考的问题。编书的目的直接影响编书行为的效率与教学用书的质量。课题组在《长沙市少年宫校外教育专业教学用书编写总纲要》中指出，编写的教学用书要以培养学生的核心素养为根本目标，以传授专业知识、培养专业技能为重点，以倡导自主、合作、探究的学习方式为手段。依据确立的编写目标，编写者致力于在编写时突出专业重点，着眼于学生未来的发展。

　　编写纲要。教学用书纲要编写要重点体现教学目标在每一课的具体落实，并选择安排教学用书内容。课题组要求编写者将全书的教学目标、15个课题与2个综合实践活动主题纲要提交到一起审议。编写者将适合学生的主要专业知识和技能按渐进的方式进行编排，具体来说就是梳理每一课教学用书主要教些什么主题。张芳辉老师的《中小学舞蹈（中级）教学用书》，用所选的音乐作课题，将舞蹈训练的技法手位、脚位、舞种等融入音乐中，这样的思路让舞蹈主题有情趣、有童趣；周圆圆老师编写的《中小学美术（初级）教学用书》按写生对象的难易程度来编写纲要；周雅洁老师编写的《中小学声乐（初级）教学用书》以学唱的歌曲为纲开展编写工作……按不同思路编写的纲要都是可以的。编写好纲要后，后续的工作就可以有序展开。

　　设计栏目。每一课教学用书如何呈现在读者面前？是干巴巴的陈述还是别出心裁的闪亮登场？设计符合专业特色且富有内涵的栏目是一个高效呈现教学用书内容的好办法。周扬老师编写的《中小学书法（初级）教学用书》，设置了"多彩的书法世界""小试牛刀""知识部落""拓展大本营""说文解字"等栏目；谢苏佩老师编写的《中小学美术（初级）教学用书》，设置了"工具箱""作品欣赏""小提示""大显身手"等栏目；龚树梁老师编写的《中小学科技（中级）教学用书》，则用了"准备好""动手做""试一试""想一想""评一评""秀一秀""学一学"等栏目。编写者们在编写教学用书时，有的是每课教学用书固定有某一个栏目，有的是根据需要安排选择一些合适的栏目，无论用哪种方式，编写出来的教学用书都显得清新活泼、意蕴十足。

　　精选范例。各种专业的学习都离不开模仿与练习，教学用书中选择的歌曲或乐曲、美术作品、舞蹈、文章等，都应该精心挑选，无论是从专业角度、审美角度还是从思想内涵等方面都要经得起审验。苏巧新老师编写的《中小学写作（高级）教学用书》中，"经典诵读""名家名作""名人名言"等栏目编选的内容，都与每课的主题相关，都是久经考验的经典。学生能从中感受到文学语言之美、文人人格之美。

反复修订。一本教学用书编写好后，需要反复修订，主要检查专业知识的表述是否正确，文字表达是否通顺，标点符号是否规范等。整册教学用书编写好后，更需要反复修订。每课之间的逻辑顺序是否清晰，各栏目之间是否有重复、矛盾的地方，体例是否保持一致……编写者通过多次朗读，基本都发现了编写过程中的问题。编写者请同事、家人、教师帮助审阅，也请学生、家长试用一段时间反馈情况。修改时凝聚大家的智慧，做了适当的调整。

3. 选择了编写专业教学用书的常用方法

选用文献。常用专业知识是指一定范围内相对稳定的、系统化的知识。文献主要指有参考价值的图书资料，也包括部分准确的网络资源。在编写教学用书过程中，当为说明某一问题而引用或概括他人观点、资料、数据、图表时，应以脚注或参考文献等形式加以说明。

原创。原创内容包括编写者自己的原创与学生的原创，有必要的话还可以特约原创。在本套教学用书的编写过程中，教学用书内容的选择与一些栏目的设置都是编写者的原创。写作教学用书中的佳作、绘画教学用书中的学生画作均从长沙市少年宫学生的优秀作品中选出。学生作品被编进教学用书，这对学生来说是极大的肯定与鼓励。在教学用书中运用编写者自己的作品或理念，也让编写者更有成就感。特约原创是指根据编写教学用书的需要，特意邀请在本领域有一定影响力的人提供一些教育思想或素材。原创作品的大量使用，使教学用书有创新，有生命力。

实景拍照。舞蹈、声乐、乒乓球、科技等教学用书，需要很多的肢体示范，无声教学用书不能像有声教学用书一样呈现录像进行动作讲解示范，但编写者可通过拍摄实景照片来弥补。舞蹈专业张芳辉老师拍摄学生做各种舞蹈动作的清晰照片近 30 张，并配以简单扼要的说明，具有示范引领性。

运用专业辅助软件。二胡、竹笛、扬琴、钢琴等专业器乐类的教学用书，需要选用一些乐曲、练习曲，WPS Office、Microsoft Office 这类办公软件都没有记谱的功能，这就需要 Overture、音乐大师等专业软件来辅助完成教学用书的编写。

4. 分析了编写专业教学用书要注意的问题

教学用书的版权归属问题。长沙市少年宫编写校外教育教学用书，是全公益项目。教师们都是出于对教育工作的热爱、对教育事业的担当而主动承担这项工作，没有任何报酬。这套教学用书印制出来以后，免费提供给学生使用。每册书的编写者就是该书的版权所有者，所有与版权有关的事宜皆由编写者负责。

教学用书的价值取向问题。教学用书是引领学生向上、向真、向善、向美的载体，其价值观导向至关重要。教学用书在向学生传递知识的同时，应给人以正确价值观的熏陶。那些不符合社会主义核心价值观的内容都不允许出现在教学用书中。

教学用书呈现形式创新的问题。教学用书是严肃的，一般都是用传统的无声图文形式呈现。课题组编写的这套教学用书在栏目设置、编排方式、编排体例等方面进行了一定的创新。但综观当下的图书，不仅有平面的，还有立体的；不仅有无声的，还有有声的。在经费允许的情况下，校外教育的教学用书可以尝试编写有声教学用书与立体教学用书。

（二）探索了中小学校外教育专业教学用书实施的策略

1. 明确了教师实施专业教学用书的步骤

专业教学用书编写好后，就轮到师生使用教学用书了。教学用书实施的过程一般分四个步骤：

阅读教学用书。备课的时候，教师通读教学用书，了解教学用书的内容安排，对教学用书深入了解、熟悉。

分析教学用书。教师在通读教学用书的基础上，对教学用书进行分析：

哪些内容是学生难以掌握的，哪些内容是学生可以通过自己探索或者同伴互助理解的，哪些技能训练是难点，哪些知识是重点，思想与情感熏陶的切入点设在什么地方……将教学用书分析透彻了，即可写在教案中。

活用教学用书。教学用书是学生学习知识的载体，也是教师进行教学的依据。教师在使用教学用书时要灵活，要以学生的真实学习情况来决定教授教学用书的进度。学生接受能力强，多教一点没问题；学生遇到困难，减少一点学习内容也未尝不可。根据学生的课堂表现来选择合适的教学方法，创设情境体验、讲授、实践、练习、表演等，运用多种教学方法将静止的教学用书教"活"。课题组认为，要将教学用书教"活"，必须通过多种途径。因材施教是教师们要遵循的教育原则，既要根据学生的基础来选择教学用书，也要根据教学用书的编排来引导学生。

反思教学用书。编写教学用书时的美好设想在使用中不见得都能称心如意。在使用教学用书过程中方能发现其优劣性。教学用书并非不可更改，教师们要敢于对使用时感到不合适的内容进行果断的舍弃。使用教学用书时，教师既要利用教学用书促进学生发展，也要根据学生的学习情况不断完善教学用书，两者兼顾。

2. 选择了运用教学用书的方法

课堂是实施教学用书的主要阵地，课堂教学的效果直接影响学生学习专业知识与技能的水平。好的教学用书给课堂充足的教学资源，精彩的课堂教学使教学用书落地生根，熠熠生辉。课题组教师在一年半的教学用书实施过程中，归纳的以下做法能将教学用书的作用发挥到较好水平：

合理安排教学内容。课堂的时间是非常宝贵的，教学内容的安排必须合理。教学用书的内容不一定全部都是课堂的教学内容。有一些教学用书的内容学生可以通过课外自主阅读或练习就能够掌握，没有必要占用课堂上的宝贵时间。

精心设计教学过程。教学过程是环环相扣、密切联系的。教学过程的每一个环节都要精心准备、设计。如何导入新的学习主题？怎样进行复习与反馈？如何教授新的知识与技能？怎样检验、评价学习效果？每一步都值得教师费尽心力去思考。教师的教学要吸引学生参与到每一个环节的学习中，让学生学有所获。

选用合适教学方法。教学有法，但教无定法。不同专业的特点不一，选用的教学方法自然不同。科技类、运动类的教学，以实践操作为主，而器乐类、声乐类、绘画类、书法类的一般通过反复练习来达成教学目标，文学专业的教学主要用讲授法、情境体验、写作实践等方法……遇到不同的教学内容，选择的教学方法就会不一样，合适的便是最好的。在选择教学方法时，既要注意教学用书内容的特点，也要注意学生的年龄特点，还要将启发式教学、民主平等的理念贯穿其中。教学方法不能生硬、单调，要能吸引学生参与学习。

坚持指导学习评价。本套教学用书中大部分的书都安排了对学习效果的评价，比如三本写作教学用书都是从"知识掌握""背诵积累""习作水平""学习态度"这四个方面来进行学习效果的评价，分为"优""良""一般"三个层次。每课学完之后，教师坚持指导学生进行评价，学生就能发现自己学习中的优点和不足，明确努力的方向。教师的教学评价语言既要准确清晰，也要有一定的感染力。

（三）促进了教师的成长

三年的课题研究工作，让每一位课题组成员都全身心投入。课题组成员严谨认真地编写教学用书，想方设法在课堂上高效使用教学用书，专业水平与综合能力都得到迅速的提高。

1. 树立了终身学习理念

教师们为了达到课题研究的各项要求、完成研究任务，参加了多次主题集中学习，还自主阅读了大量有关教育教学理论、专业技能技巧和教学用书编写指导方面的书，逐渐养成了阅读的习惯，并树立了终身学习的理念。将阅读所学运用到自己的研究工作与教育教学中，教师们很有成就感。殷鹏、胡玲好、于志勤、苏巧新、王圣等一大批教师以学习为乐。全体教师还积极参加了各级各类的集中培训学习,近三年每人每年获得的学分远远高于国家要求的每人每年的 72 分。

2. 潜心钻研教育教学

编写教学用书需要花费大量的时间和精力,但如何高效使用教学用书也需要静下心来思考。课题组的教师近三年围绕着这两件事投入了全部心血。教师们通过编写教学用书对本专业的教学体系进行了梳理,对学生的学习内容也进行了精选,在使用教学用书过程中对自己的教学理念进行了更新,并对课堂教学的每一个环节都重新审视、择优选择。2019 年起,课题组所有教师采用传统的手写教案,边写边思考。宁静致远,教师们在全力投入中思维变得更深邃,处世变得更沉稳,教育教学的效果也更令家长、社会满意。2018 年,写作老师苏巧新被评为长沙市首批"卓越教师"之"语文教学骨干";2019 年,音乐老师唐昱、李崇博被评为第二批"卓越教师"之"音乐教学能手"。三年来,共有 120 余名教师在市级以上评优、获奖。

3. 积极参加研讨、评审、讲座等学术活动

课题组的研讨活动频繁,课题组成员在分享与探究中变得更加成熟,也更愿意参加更高层次的学术活动,各专业教师在各自的领域发挥着积极的引领作用。2018 年 8 月 11 日,写作老师苏巧新携新书《松果风云》在长沙市图书馆举行新书发布会,并为在长沙市图书馆享受阅读的 150 余位孩子上了一堂"读亲自然童话 享美好人生"的文学讲座,图书《松果风云》被长沙市图书馆收藏,湖南教育电视台、红网、长沙晚报、新湖南等多家媒体对本次活动进行了报道。2019 年 6 月 12 日,苏巧新老师赴浏阳市大围山中学、浏阳市沿溪中学分别上了"巧用中国经典神话"与"精卫和愚公"两堂习作指导课程;12 月 17 日在邵阳市坪上镇中心小学执教了儿童诗写作指导课程"我是一片……",全镇 60 多位语文教师听课交流;11 月 29 日参加湖南省儿童文学协会论坛活动,发表创作感言。2018 年,写作老师殷鹏赴山西省太行小学送教,上了"轻松读好整本书"的阅读指导课程。写作老师王圣在邵阳市坪上镇中心小学支教,多次上公开课,为乡村学校注入新理念、新方法。器乐、

美术、声乐、舞蹈等专业的老师担任长沙市及各区县的艺术活动与艺术比赛评委、专家。李崇博、唐昱、陈志坚、陈璐、吴蔚、胡玲好、周圆圆、周扬、谢苏佩、周雅洁、张芳辉、叶卷、赵檬、于志勤等老师多次到区县担任评委工作和乐团训练指导工作。乒乓球老师胡颖佳获"2018 年湖南省市州中小学教职工乒乓球团体赛"第一名、"2019 年第八届市州教育局机关干部职工乒乓球团体赛"第三名。科技老师龚树梁负责全市的中小学科技活动，长年累月入校指导科技活动的开展。龚树梁、姚佳老师负责组织的"创新比赛""机器人比赛""奇思妙想"等多项大型赛事，每年都为长沙市教育局取得"优秀组织奖"。长沙市少年宫的教师有 120 多人次被湖南省教育厅、长沙市教育局抽调担任教师资格考试、湖南省特岗教师招聘考试的面试考官及美术比赛、"独唱、独舞、独奏"比赛的评委。

4. 产生了有一定影响的研究成果

研究工作中遇到的问题、想到的解决办法、积累的经验都成为课题组教师的宝贵财富，教师们在研究基础上写下多篇有一定学术价值的论文与教学设计。《中小学校外教育教学开发与实施研究》课题成果一书收录论文 21 篇、教学设计 20 篇。其中有一些论文公开发表后获得湖南省教育学会、长沙市教育科学研究院论文评比一等奖。王圣老师的论文《小学写作教学新思路探索》、赵檬老师的论文《如何塑造与表现儿童舞剧中的艺术形象——以原创儿童小舞剧〈猫的城〉为例》、殷鹏老师的论文《中小学课外阅读教学模式变革初探》、苏巧新老师的论文《中小学写作教学中思想与情感导向对策》都获湖南省教师教育学会 2019 年度论文省级一等奖。苏巧新老师的论文《中小学校外教育写作教学用书的编写策略》获 2019 年长沙市教育科学论文评比一等奖。苏巧新老师的论文《中小学写作教学中思想与情感导向对策》发表在《湖南第一师范学院学报》2019 年第 6 期，童话《雪中情》收录在 2019 年 6 月份出版的《阳光瀑布》一书中。于志勤老师的论文《儿童钢琴集体课的教学探究》发表在 2020 年的《音乐教育与创作》上。苏巧新老师的长篇童话《松果风云》由湖南少年儿童出版社于 2018 年出版发行。

（四）提升了中小学生的专业素养与综合素养

1. 积极参与课堂学习

有专业教学用书的引领，学生的学习就有方向与目标。在课堂上，学生的学习积极性很高，表现在刻苦练习基本功、积极动脑发现问题、在教师和同伴的合作学习探究中解决问题、自觉完成作业等方面。学生们都非常期待每周一次的专业课，在课堂上全身心地投入学习中，每一次学习都有收获与进步。两年的学习，每个学生都感受到了专业成长的快乐。

2. 平时刻苦训练

每周的课堂学习只有一个半小时左右，想要将课堂上所学熟练掌握，就需要平时下功夫。长沙市少年宫的学生在专业教师的引导下，平时都能刻苦训练。声乐、器乐、舞蹈等专业的学生，自觉将每天练习的情况在学习群里汇报，有的还将练习的视频进行分享；文学专业的学生将读书的情况与习作在学习群中拍照分享，大家都可以评议，共同成长。每天进步一点点，滴水穿石，两年下来，学生们基本都有了一技之长，有部分学生还因此走上了专业发展的道路。

3. 热心参加展示活动

长沙市少年宫的学生热心参加学校、社区、社会各界的各种展示活动。声乐、舞蹈、器乐专业的学生参加区级以上演出人数近 200 人次。在文艺演出、作文大赛、科技发明等丰富多彩的活动中，学生们展示了自己的专业水平与综合素养。

长沙市少年宫每两年举行一次教学成果汇报展演。2018 年的教学成果汇报由一本优秀作品集和一场名为"童心向党"的文艺节目会演组成，于 2018 年 6 月 30 日下午正式向领导、家长、社会呈现。其中，优秀作品集呈现的是美术、书法、写作、科技专业的学员近两年的学习成果。"童心向党"文艺节目会演精选了群舞、合唱、戏曲联唱、民乐联奏、"钢琴 28 手＋手风琴 6 手"接力联弹、朗诵等十二个节目，形式多样，内容丰富。舞台表演的演员有 300 多人，台下还有几百名师生、家长参与经典国学《三字经》的吟诵，部分教师也同台献艺，此次会演阵容强大，气势撼人，彰显了中华经典文化的魅力与民族艺术的风采。整场会演精致美观，高雅动人，节目形式新颖，艺术内涵深厚，展现了学员们良好的艺术水平和行为修养，也展现出长沙市少年宫公益培训取得的良好效果。本次汇报演出总共评选了 261 位优秀学员。

4. 踊跃参赛获奖

长沙市少年宫的学生积极参加长沙市教育局组织的每年一度的"书法、美术、摄影"大赛和"独唱、独舞、独奏"比赛，参加各种艺术考级活动。三年来各专业的学生累计获奖 400 多人次。文学专业的学生积极参加作文比赛与投稿，张艺藤同学获得全国"王诚杯"中小学生作文比赛一等奖，谭哲溪同学获得"寻找中国少年写作之星"中小学生创意作文大赛一等奖。文学班学生发表文章十余篇。2019 年 10 月，声乐专业刘静澎同学获得由湖南省委、省文明办等单位联合举办的第十届湖南省少儿才艺大赛总决赛声乐少儿二组金奖。2019 年 4 月，书法专业周郅祺同学的书法作品《齐白石诗一首》荣获由中华人民共和国教育部主办的全国第六届中小学艺术展演活动艺术作品小学一等奖。

（五）积累了课题研究经验

课题组在各个阶段有条不紊地开展研究，积累了课题研究经验。

目标引领。课题组在课题实施之前，就制定了教学用书编写的总体纲要，将各个专业的编写目的、要求、进度、分工等方面进行了部署。这样，课题组成员都非常清楚地知道在怎样的研究阶段该做怎样的研究。总体目标引领，让研究工作可以有条不紊、按部就班地推进。

责任到人。课题组要求各位教师编写出适合本专业学生使用的专业教学用书，再将编写的教学用书在课堂教学中使用，帮助学生成长。参与课题研究的教师都意识到教学用书的编写质量直接体现教师的专业修养与教育理念，也关系到学生的成长，因此深感责任重大，须认真对待，并竭尽所能。

榜样激励。课题研究的每一步都会有对应的研究效果呈现出来。课题组善于发现研究队伍中做得好的教师，并及时进行分享，将其树立为榜样，分阶段进行表彰。教师们付出的心血与智慧得到了认可，研究的主动性会更强。

在教学用书实施阶段的公开课堂教学展示活动中，课题组给上课的教师颁发了奖状与奖品，让教师们很有成就感。

十一、研究结论

"中小学校外教育教学用书开发与实施的研究"课题是长沙市少年宫对校外教育科学性、实效性的主动探索，对长沙市少年宫而言，一方面促进了教师教育教学水平的提升与学生专业技能、综合素养的提高；另一方面也凝聚了单位的力量，提升了团队整体工作水平。对社会而言，课题研究成果给其他从事校外教育的师生提供了有较高参考价值的教学用书与教育教学经验。

1. 编写了一套（18 本）中小学校外教育专业教学用书，在少年宫校外公益教育中实施了中小学校外教育专业教学用书一年。

2. 探索了中小学校外教育专业教学用书编写的策略：提出了编写专业教学用书的基本原则，明确了编写专业教学用书的基本步骤，选择了编写专业教学用书的常用方法，分析了编写专业教学用书要注意的问题。

3. 探索了中小学校外教育专业教学用书实施的策略：明确了教师实施专业教学用书的步骤，采用了运用教学用书的方法。

4. 促进了教师成长：教师树立了终身学习理念，潜心钻研教育教学，积极参加研讨、评审、讲座等学术活动，并产生了有一定影响的研究成果。

5. 提升了中小学生的专业素养与综合素养：学生积极参与课堂学习，平时刻苦训练，热心参加展示活动，踊跃参赛获奖。

6. 积累了课题研究经验：目标引领，责任到人，榜样激励。

十二、研究反思

纵观整个研究过程，课题组有如下反思：

（一）专家引领

本课题得到了湖南大学教育科学研究院专家的指导，也得到了长沙市教育科学研究院专家的大力支持。2018 年 3 月 29 日，长沙市教育科学研究院院长孙智明，规划所所长袁苍松，理论教研员蔡星、刘正华四位专家应长沙市少年宫的邀请对课题研究工作进行指导，全体课题组成员与专家们进行了面对面交流。在课题结题阶段，长沙市教育科学研究院院长孙智明做了具体的指导。

（二）倡导学习

教学用书的开发是一项全新的工作，课题组倡导教师们深入学习，并采取自主学习、集中学习与同伴互助学习等多种形式。课题组给每个课题组成员 500 元的专项资金购买书籍，要求成员们自主广泛阅读相关专业文献，积累一定的间接经验；课题组负责人组织成员们就在研究中发现的某些问题进行集中的主题学习；及时发现成员做得好的方面并进行分享，促进同伴互助学习。2018 年 9 月 26 日上午，课题组全体成员在长沙市少年宫道德展厅进行集中学习。课题组成员自觉、深入学习教育政策法规、经典教育理论与专业知识；自觉领会政策精神，更好地实现"办好人民满意的教育"这一终极目标；从经典教育理论中汲取精神养分不断成长，为学生传道授业解惑；不断提升自身专业素养，让学生敬重。课题组每个学期都会举行类似的集中学习。

（三）交流研讨

长沙市少年宫的课题研究与常规教育教学工作紧密相关。课题研究工作的推进，需要凝聚课题组全体成员的力量，因此交流研讨是常态。针对课题各个阶段的研究要求与研究过程中遇到的新问题等，课题组每个学期都会组织专题研讨。另外，课题组成员还积极参与长沙市艺术教师培训、"名师送教下乡"等项目的交流研讨活动，并在这些活动中发挥辐射和带动作用。课题组成员在交流研讨中积极交流自己研究工作的成果、困惑，展示教育教学风采，扩大自身影响。

2018 年 10 月 17 日上午，课题组在长沙市少年宫道德展厅举行部分教学用书开发交流研讨会，首次对课题组成员编写的专业教学用书前五课进行集中探讨。课题主持人江波对成员们撰写的教学用书给予充分肯定，并要求大家把握好教学用书编写中"实用性、时代性、社会主义方向性"等基本原则，希望教师们克服困难，继续深入开展研究工作，不断提升自身的素养和长沙市少年宫的科研水平。课题执行组长苏巧新介绍了各专业教师所提交、编写的第 1 课至第 5 课的教学用书情况，肯定教师们因为开展课题研究而呈现的爱学习、爱思考、爱讨论的教研好风气，并与大家一起探讨教学用书定位，教学用书设计理念，教学用书编写态度、编写常规、编写效果等问题，还逐一总结此次提交的教学用书的优缺点。她认为提交的教学用书，共同优点是各个专业的知识技能体系已经基本构建；部分教学用书的优点是教学内容与学生生活相关联、向课外知识延伸，于细微处落实核心素养培养，图文并茂，基本成型。同时也指出，部分教学用书存在教育教学理念滞后、栏目设计单调、内容过于简单或过于复杂冗长、排版不规范等问题。课题组还邀请用心编写教学用书的周扬老师就如何设计栏目、合理利用资源、虚心向名师请教等方面做编写书法教学用书的经验分享。教师们就具体编写中遇到的问题进行交流。通过这次交流研讨，教师们明确了前五课的教学用书该怎样修改完善，后续编写教学用书该如何优化落实。

（四）教学观摩

2019 年 9 月，各专业共计 18 本教学用书全部印刷到位并免费发给学生使用。教学用书开发好之后，教学用书如何使用就成为研究的重点。课题组通过平时巡课、听课了解教师们实施教学用书的情况，还通过组织集中教学观摩活动来促进教学用书的高效实施，全面提升课堂教育教学质量。

2019 年 12 月 10 日，课题组举行课堂片段教学观摩活动。本次活动分为两部分，首先是 10 分钟片段教学展示，写作老师苏巧新执教"书香弥漫（读后感）"、二胡老师陈志坚执教"神奇的弓法——快弓"、乒乓球老师胡颖佳执教"横板反手推挡"；然后是课题组就这三堂片段教学进行评议。长沙市少年宫党支部书记唐冬梅认为这三位教师的课给大家带来了一份惊喜，教师们在课堂上展现了良好的专业素养与教学风采。她还对每堂课进行点评，从教学目标的确立、教学方法的选择、教学语言的规范等方面逐一指出优点与不足。课题主持人江波对大家踊跃参与教学研讨表示肯定，并主张教师们在平时的课堂上多亮出自己的拿手本事，让学生产生敬佩心，吸引学生好好学特长；还要努力让专业技术成为教学艺术，不仅自己行，学生也要出色。

2020 年 1 月 6 日，课题组在长沙市少年宫道德展厅开展"争鸣杯"片段教学研讨活动。本次执教 10 分钟片段课的教师 15 名，涉及扬琴、二胡、钢琴、中阮、竹笛、写作、舞蹈、声乐、科技、美术等十多门专业的课程。教师们上课的内容基本取材于自编教学用书。课后，教师们相互就每堂课在教学实施、教师素养、学生发展等多方面进行评议，并就教学亮点与教学建议进行面对面的交流。长沙市少年宫党支部书记唐冬梅对所有的课进行了点评，她认为这是长沙市少年宫教学科研工作中的一件非常有价值的事：全员参与，体现教师们积极务实的科学研究态度；呈现的课堂，教学目标明确，教学环节清晰，教学方法多样，教学实施有效，展示了教师们良好的专业素养与较为先进的教学理念。她希望教师们以此为契机，发扬优点、克服不足，加强学习，不断提升专业能力与水平。课题主持人江波认为，这次研讨活动达到了展示教师才华、促进各专业间相互学习、提升教师团队科研水平的目的。

（五）全宫支持

长沙市少年宫"中小学校外教育教学用书开发与实施的研究"课题由长沙市少年宫主任江波担任课题主持人，长沙市少年宫党支部书记唐冬梅也积极参加课题研究，教学部所有专业教师都是课题组成员。从研究队伍的规模来看，也是举全长沙市少年宫之力。虽然有些行政、后勤人员不是课题组成员，但只要有关课题组的工作，总是从财力、人力上给予全力支持，从不推脱。单位微信公众号宣传专干王颖异多次宣传课题工作的开展情况。长沙市少年宫全体人员团结一心，全力以赴，使课题研究工作顺利按照总的规划逐步落实。

（六）研究中的不足

大部分教师参与课题研究的经历少，理论知识积累不多，实践经验不足，不能灵活运用多种研究方法，需要加强教学科研方面的历练；另外，在教学用书的开发与实施中，有一些动人的案例没有得到及时整理，没有将教育叙事方面的成果收录在课题研究成果里。

理论争鸣·教学论文

浅析校外教育教学用书开发与实施的课题研究管理

长沙市少年宫　唐冬梅

摘　要：为进一步提升校外教育教学水平，提升教师素养，规范教学内容，培养全面发展的中小学生，长沙市少年宫于2017年开始进行中小学校外教育教学用书开发与实施的课题研究。为使该课题规范、顺利进展，课题管理组通过计划、决策、组织、检查、指导、评价、激励等手段进行了高效全面的管理，在管理过程中发现的不足也立行立改，在统筹协调、专业实践和成果运用等方面取得了一定的实效。

关键词：课题研究；管理；实践；成果

长沙市少年宫是一所致力于公益培训的校外教育机构，近三年共开设专业30个、班级304个，培训学生5220人。从事写作、科技、声乐、古筝、二胡、钢琴、阮、扬琴、绘画、书法、舞蹈等专业教学的专职教师有23人，但未系统编撰过教学用书，一定程度上影响了培养目标的实施。为进一步提升校外教育教学水平，提升教师素养，规范教学内容，培养全面发展的青少年，2017年起，长沙市少年宫充分调动各专业教师的积极性，着手研究系统的、涵盖各专业课程的教学用书。为使课题规范、顺利地开展，课题管理组进行了高效全面的管理。

一、课题研究管理的意义

课题研究管理是指对课题和与之相关的人员、财务、物资、时间、信息及日常工作等的管理。"中小学校外教育教学用书开发与实施的研究"这一课题对长沙市少年宫课题组来说是一个新的领域，绝大多数教师之前没有接触过教学用书编写工作，且就我们掌握的文献来看，已有的关于校外教育教学用书开发与实施的研究几乎是空白，这一课题研究的难度决定了课题管理的重要性。课题管理小组对课题进行有效管理，以促进课题的有效实施，提高课题研究的效率，使课题围绕目标、实现目标并获得预期甚至超乎预期的成果。

二、课题研究管理的措施

（一）目标引领，统筹协调

成立课题管理小组，党政主要领导人任组长，目标引领，统筹协调。确定中小学校外教育教学用书开发的研究目标是分高、低年级编著专业教学用书。教学用书实施的研究目标是通过教学用书的实施实现高效课堂教学，提高学生的专业技能与综合素养以及教师的业务水平。在课题实施之前，课题组就编写了教学用书的总体纲要，将各个专业的编写目的、要求、进度、分工等进行了部署，制订了计划。计划的制订充分考虑了以往工作中的成功和不足之处，以往行之有效的做法可继续实施，不足之处予以补充完善。[①] 这样，课题研究人员都非常清楚地知道在怎样的研究阶段该做怎样的研究。实行总体目标引领，研究工作可以有条不紊、按部就班地推进。

在课题研究的过程中，管理组按阶段统筹协调，确保课题研究稳步推进。前期积极邀请科研专家开展座谈会，就课题立项、论证、开题等阶段提供有益建议；为各专业教师准备课题研究记录本，拨付一定比例的金额购买资料；下发精练的理论材料供教师们自学，提供培训师资的有效途径。[②] 中期多次组织课题研究评估，审视课题实施情况，就教学用书开发召开专题会议，及时

---

① 郎秀娟. 学校教育科研课题研究管理的五大环节 [J]. 现代教育科学（中学教师），2009（6）.

② 李乾. 以课题研究为载体 打造科研型教师队伍 [J]. 北京教育教学研究，2008（3）.

跟进专业教师的进度，并鼓励教师与同行交流；在各专业完成 5 个课时的编写后，即组织教师对教学用书进行试用，根据试用情况调整编撰策略，使得后续教学用书开发更加科学、更加完善，并请试用反馈效果好的教师进行经验分享，帮助大家共同提高。后期重在攻坚，多次进行内部成果预测、课堂展示和交流，为结题和成果推广做好充分准备。

（二）专业实践，榜样激励

管理组尊重专业差异，注重专业实践。该课题涉及专业广，任务重，18 位专业教师负责编撰 12 个专业的教学用书。声乐、书法、乒乓球等 7 个专业，每个专业分别由 1 位教师完成；美术、舞蹈、二胡和科技等 4 个专业，每个专业分别由 2 位教师完成；写作专业由 3 位教师完成。基于专业的差异性，管理组组织和指导教师进行自我评估，使教师们清楚了解自己的任务和完成任务的可行性，明确方向，责任到人。参与研究的教师知道自己肩上的责任，都竭尽所能去做。教学用书的质量直接体现教师的专业修养与教育理念，这也关系到学生的成长，谁都没有怠慢。教学用书的开发历时较长，为检验编写是否合理、目标是否清晰提供了有利条件。在此期间管理组积极组织教师集体备课、集体学习，将专题讲座与示范课活动相结合，对编写教学用书中出现的问题及时解决。

管理组积极组织专业展示，进行榜样激励。2019 年 12 月 10 日，举行课堂片段教学观摩活动；2020 年 1 月 6 日，举行"争鸣杯"片段教学研讨活动。各专业的教师尽展风采，真正做到了"百家争鸣、百花齐放"。管理组组织专业教师们进行点评，及时发现并分享研究队伍中做得好的教师，将其树立为榜样，分阶段进行表彰。在教学用书实施阶段的公开课展示中，课题组为授课的教师颁发了证书，使其更有成就感。教师们付出的心血与智慧获得了认可，研究的主动性进一步加强。

（三）成果推广，总结提升

每个课题研究的目的就是出成果，推广了科研成果，课题的研究才有价值。①"中小学校外教育教学用书开发与实施的研究"课题历时三年，课题组成员在研究过程中发挥主观能动性与团结协作的精神，积极探索，努力实践，在教学用书编写与实施方面积累了一定的经验。作为长沙市少年宫开发的第一套教学用书，课题管理组希望其能发挥一定的交流示范作用。为此，管理组要求各专业教师在语句、佐证材料、图片示例等方面均严格原创；若有引用、转载等则需要注明详细出处。要求每一个教师将课程设计及论文反复进行修改，编撰成册，现已收集到教学论文21篇，教学设计20篇，管理组组织整理汇编成《中小学校外教育教学开发与实施研究》一书，达到了将教育实践与理论研究相结合的目标。教师在省市级公开课展示中也显示出日益精进的教研水平；少年宫的学生在各级各类声乐、器乐、舞蹈、书法、写作、科技比赛中屡获大奖。师生同奋斗、共成长，一路凯歌。

课题管理引领课题研究的脚步，但管理过程中仍有许多不足，如长效机制不够健全、成果积累不及时等。幸运的是，在发现不足时立行立改，建章立制、推广成果，使得课题研究能够有序进行、高效开展。通过此次课题研究，学生专业技能与综合素养以及教师的业务水平得到进一步的提升，单位教研氛围更为浓烈，课题研究管理可谓发挥了重要的作用。

---

① 杨天棱. 论科研课题研究的管理方略 [J]. 科学咨询，2014（02）.

中小学写作教学中思想与情感导向对策 *

长沙市少年宫　苏巧新

摘　要： 文以载道，文如其人。中小学生应该写思想正确而先进、情感真切而高尚的作文，中小学语文教师在写作教学中务必注重思想与情感导向，具体可以从甄选写作内容、丰富情感体验、用心培育社会主义核心价值观等方面着手。

关键词： 思想与情感导向；中小学写作教学；语文教师

当前中小学生在写作中，有些学生的作文立意欠佳，无中心或中心不明显，全然无思想价值；有些学生的作文干巴巴的，没有什么情感，更谈不上有感染力；还有些学生的作文，尽是大话、套话……这些问题，是可以通过中小学语文教师在写作教学中注重思想与情感导向而得以解决的。另外，每年中考、高考都有零分作文，读者在评阅之余总会觉得惋惜：这些零分作文其实有的写得非常流畅、犀利，作文技巧与文采都无可非议，但都有一个最大的问题，就是思想和情感不符合社会主流。这类作文从思想上来看，有的境界低下，有的颓废，有的尖刻，显示的全是消极思想；从情感上来看，有的悲观，有的讽刺，有的不满，倒出来的全是苦水。但表达出这些消极思想和悲伤情感究竟为了什么呢？零分作文作者并没有去思索。他们也许并没有意识到，这样的作文是根本没有思想价值和情感感染力的。相反，如果作者能针对不良的现状或困境提出解决方案，鼓励读者不畏艰难，传递积极而乐观的情感，其作文就有可能成为满分作文。一次零分影响一个人的前途，但一

---

*　本文获 2019 年湖南省教育学会论文一等奖；发表在《湖南第一师范学院学报》2019年第 6 期。

代人的思想与情感倾向则会关涉整个国家的命运。写作是表达思想与情感的有效途径，也是塑造良好思想与美好情感的重要途径，因此，必须注重中小学生写作教学中的思想与情感导向。

中小学写作教学是教师引导中小学生进行写作而开展的教授与学习双边活动。思想导向是指引导中小学生的认识、观念与想法符合社会主流价值取向；情感导向是指引导中小学生的感受与内心体验符合年龄特点且积极健康向上。中小学生的思想与情感尚处在发展与不成熟阶段，可塑性强，其思想、情感需要教师的正确引领。文如其人，古往今来，被人们传颂的伟大文学作品都是以作者正确而先进的思想和真切而高尚的情感作基石的。"亦余心之所善兮，虽九死其犹未悔"的屈原，"安得广厦千万间，大庇天下寒士俱欢颜"的杜甫，"我以我血荐轩辕"的鲁迅，"指点江山，激扬文字，粪土当年万户侯"的毛泽东……他们正确而先进的思想与真切而高尚的情感深深地浸润在其作品里。他们呕心沥血的作品反映当时的社会状况和时代精神，传达人们的呼声和愿望……正是作者有着穿越时空依然能承载人类灵魂光辉的正确而先进的思想和真切而高尚的情感，其作品才能吸引人、鼓舞人、感染人，才能代代相传，这些伟大的文学作品都是中小学生学习写作的典范。中小学生从一开始就应"我手写我口，我手写我心"，中小学语文教师在写作教学中从一开始就应对中小学生进行正确和有效的思想引领与情感熏陶。由此可见，中小学写作教学中思想与情感导向非常重要，应该高度重视，具体可从以下几个方面着手。

一、甄选写作内容

中小学生的写作内容是非常广泛的。应该说，生活有多宽广，写作内容就有多宽广。然而，现实的生活也是纷繁复杂的，光明与黑暗同在，正义与邪恶并存，美好与丑陋共生……中小学语文教师要帮助学生甄选有利于培养正确而先进思想与真切而高尚情感的内容作为写作内容。

大自然里有无穷无尽的写作内容，教师可以引导学生精心甄选。像季节的更替、气候的变化，自然赐予我们的湖光山色、鸟兽虫鱼、花草树木、日月星辰、风云雨雪……它们都有独特的美好与奥妙，值得中小学生去关注、描述与探索。湖南知名儿童文学家邓湘子认为，那些写得好的作文有着共同的特点，就是都写出了作者自己的发现。他写道："发现就像是一汪泉眼，从生活和心灵的深处涌出鲜活的泉水。发现就像是一座桥梁，沟通了生活、心灵、作文三者之间的联系……"① 发现自然界的美好与神奇，发现身边人们的生活情趣与故事，发现事物之间的微妙联系等都可以成为写作内容。传统的写人、记事、绘景、状物、想象、话题作文及应用文，中小学语文教师可以根据学生的年龄特点进行有序安排。总之，写作的内容必须是健康的。另外，中小学生能观察到的、能接触到的、能思考到的内容，也是很好的习作内容，中小学语文教师应该给予肯定。而如网络暴力与色情，现实中的自杀颓废、违法逍遥等方面的内容则不宜涉及。如果学生因为受到不公平的待遇而作为申述所写丑恶现实的内容，中小学语文教师需倾尽全力帮助学生找到光明的出路，而不能让学生因为黑暗而深陷无助与恐惧中。

在"中小学校外教育教材开发与实施的研究"课题中，笔者编著的《中小学写作（高级）教学用书》甄选的写作内容涉及 15 个方面。教学用书尊重学生生活、尊重学生独特个体情感体验与思维品质，将作文基本知识、方法、技能融合在各栏目中。全书共分 15 课，另设计有 2 个综合实践活动，包括指导写人、景、物、事等叙述、描写类的散文，还涉及儿童诗、童话、说明文、议论文等多种文体的写作指导，涵盖了中小学生写作应该掌握的基础写作理论知识，涵养学生热爱生命、热衷锻炼、关心自然、关注时事、自信乐观、坚强不屈等美好思想品质。这 15 个主题都与学生的健康成长密切相关，具体内容如下：第一课——《生活充满欢乐》，写珍爱生命儿童诗，懂得珍惜宝贵的生命；第二课——《美名远扬的臭豆腐》，描写喜欢的家乡美食、特产，表达湘韵乡情；第三课——《我运动我快乐》，引导学生热爱体育运动，拥有健康的体魄和坚强的意志；第四课——《麓山风情》，感受风景名胜的魅力；第五课——《小荷已露尖尖角》，学会咏物言志；第六课——《走进少年宫》，

---

① 邓湘子. 发现作文 [M]. 长沙：湖南少年儿童出版社，2004.

引导观察、实践，学会用说明的方法介绍事物；第七课——《我的自传》，引导学生了解自我，自信成长；第八课——《石头兄弟》，通过想象来创作传递真、善、美的童话；第九课——《梦想成就未来》，鼓励自由发表议论，勇于追求梦想；第十课——《纸短言长》，学会用传统书信的形式传情达意；第十一课——《书香弥漫》，用写读后感的形式，激励学生读好书，好读书；第十二课——《养生物记》，旨在让学生在与动植物的亲密接触中滋生仁爱心、同理心；第十三课——《乐滚铁环》，以积极参与传统活动而获得成长感悟；第十四课——《我最爱的中国节》，传承节日文化，增强文化自信；第十五课——《我的明星榜样》，发挥榜样力量，努力奋勇前进。教材还设计了 2 个综合实践活动：一个是"追寻湖湘文化名人的足迹——访贾谊故居"，另一个是"欢欢喜喜过新年"。由此可见，该教学用书所甄选的内容都是中小学生所能接触到或能接受、理解的，是能引导学生朝着正确而先进的思想境界与真切而高雅的审美情趣成长的。

二、丰富情感体验

人的情感是不断进化的，是随着人的认知水平提升和参与程度增加而逐渐成熟的。中小学生的情感体验相对于成年人来说更简单。日复一日的上学、回家写作业、课外参加补习的生活模式会让中小学生的情感体验更加单调、乏味，有些学生也会因此而变得麻木，为此中小学语文教师应采取下述方法丰富中小学生的情感体验。

（一）开展活动实践

中小学语文教师组织多姿多彩的活动让中小学生参与其中，学生在不同类型的活动中感受不同，情感体验也独特、丰富，其思想认识也会因为在活动中的体验而变得深刻。爱玩是中小学生的天性，组织玩的活动，学生往往乐此不疲。笔者曾组织中小学生玩滚铁环，并在此基础上作文。滚好铁环并不是那么容易，学生为了让铁环听自己的指挥，不仅要全身参与，还得动脑筋控制好身体的协调。学生在参与前后的情感有变化，思想也有变化。学生在玩得充分的情况下，再来写滚铁环的作文就显得轻松愉悦。其中一个叫张艺藤的五年级学生，写的《我喜欢滚铁环》一文，因为滚铁环的过程写得真切有趣，又从中悟出做人做事不要骄傲而要耐心坚持这样深刻的道理，获得了湖南省读书研究会组织的全国征文比赛一等奖。参观实物，参与制作，参加训练，参与讨论……这些活动都有春风化雨的作用，能自然真实地丰富中小学生的情感体验。

（二）创设情境

受时间和场地等条件的约束，不是所有的活动都能实地举行。中小学语文教师借助一些器具、设备创设一定的情境，让学生仿佛置身在真实的情境中，也是一种比较好的丰富情感体验的方法，可以通过环境布置、角色扮演、媒体渲染等达成。像引导学生写家乡，可以将学生平时有关家乡的画、照片、视频等展览、播放出来，或将其他媒体上有关家乡的资料打印张贴给学生看，或将有关家乡的视频播放给学生欣赏，学生同样能从心中升腾起对家乡风土人情的关切与热爱，自觉为家乡的发展出一份力，并在自己的作品中表达出来。

（三）有效阅读

有效阅读一本好书，就像走进另一个世界。或许那个世界与我们的生活有一些距离，它有时是美丽神奇的、有时是惊心动魄的……在不同的情境里徜徉，那种见识与体验是非常可贵的。人类的感情很多时候是相通的，没有国界、年龄、性别、身份的约束。像阅读"国际安徒生奖"国内首位获得者曹文轩的《草房子》，[①] 读者会被其细腻的描写所打动，会同桑桑这个小男孩一起欢喜、一同忧伤。桑桑帮细马看羊，端上一碗水送给一个饥渴的过路人；桑桑甚至为羊，为牛，为鸽子，为麻雀们，都做了不少事情；桑桑背着妹妹去古城墙上看风景、唱歌谣，是个温暖的哥哥；当桑桑得了怪病，平时没怎么管桑桑的校长爸爸陪着桑桑四处求医，带着桑桑酣畅淋漓地打猎，重拾起曾遗失的父爱，桑桑是个幸福的儿子。桑桑最后没有死，使人情不自禁地产生一种对生命的敬重和眷恋与对世间真情的渴望和珍惜。那片神奇的麻油地，

---

① 曹文轩. 草房子 [M]. 南京：江苏少年儿童出版社，1997.

滋养了顽皮、聪明的桑桑，秃顶的陆鹤，坚强的杜小康，以及柔弱、文静的纸月……每个孩子都那么纯洁可爱。读者会被书中普通人的美好情感浸染，从而不知不觉地丰富自己的感情世界。而阅读《钢铁是怎样炼成的》这本书，读者会被作者奥斯特洛夫斯基的坚强不屈所打动，更会敬佩书中的主人公保尔·柯察金在革命斗争中不惧生死，在和平年代不畏病痛的精神。他那"灵魂的纯净，富有战斗精神，朴实无华，非常突出的英雄主义"形象深深地扎根在读者心中，跟随他的情感共鸣，心中激荡着正气与豪情。作者解释书名时的那段"锻炼钢铁要经过高温、然后急剧冷却的过程，只有经过淬火它才会变得坚固、从而无所畏惧。我们这一辈人就是在斗争和可怕的考验中得到锻炼的，学会了在生活的考验面前保持不倒"[①]，也能让读者面对困难时充满信心、好好生活。

三、用心培育社会主义核心价值观

写文章的目的是为了表达思想与感情，一篇文章表达的思想感情就是这篇文章的中心思想，中心思想是文章的灵魂，是文章的统帅，动笔之前先要确定好中心思想。中心思想要求正确、集中、新颖。中国正处在发展时期，社会主义核心价值观是当代中国精神的集中体现，凝结着全体人民共同的价值追求。让社会主义核心价值观引领广大中小学生健康成长，也是写作教学的重要目标。中小学生自觉培养和践行社会主义核心价值观，他们的胸襟会博大，思想会正确而先进，情感会高尚而积极；他们会有仁慈恻隐之心，会有家国情怀，会有责任担当，并会将这些美好思想感情淋漓尽致地表达在自己的作品中。

（一）充分了解社会主义核心价值观

中小学语文教师自身要深入领会社会主义核心价值观的内容。"富强、民主、文明、和谐"，是我国社会主义现代化国家的建设目标，也是从价值目标层面对社会主义核心价值观基本理念的凝练，在社会主义核心价值观中居于

---

① 奥斯特洛夫斯基. 钢铁是怎样炼成的 [M]. 曹缦西，王志棣，译. 南京：译林出版社，2012.

最高层次，对其他层次的价值理念具有统领作用。"自由、平等、公正、法治"，是对美好社会的生动表述，也是从社会层面对社会主义核心价值观基本理念的凝练。"爱国、敬业、诚信、友善"，是公民基本道德规范，是从个人行为层面对社会主义核心价值观基本理念的凝练。习近平总书记指出："用社会主义核心价值观凝魂聚力，更好构筑中国精神、中国价值、中国力量，为中国特色社会主义事业提供源源不断的精神动力和道德滋养。"① 他还要求："广大教师要把社会主义核心价值观的基本内容和要求渗透到学校教育教学之中，用自己的学识、阅历、经验点燃学生对真善美的向往，使社会主义核心价值观的种子在祖国下一代心中生根发芽、真正培育起来。"② 中小学语文教师在写作教学中要通过丰富的方法传递和宣讲社会主义核心价值观，让中小学生充分了解其内容，并使之成为中小学生写作的指导思想。

（二）将社会主义核心价值观植入学生心田

如果仅仅要求中小学生背诵社会主义核心价值观的内容，就认为学生会了解社会主义核心价值观，这是非常滑稽的。真正要让学生明白社会主义核心价值观的深刻内涵，需要一个很长的过程，也需要中小学语文教师用心的培育。教师是一面旗帜，自觉践行社会主义核心价值观，学生能模仿；教师是一种力量，在平凡的工作岗位上诠释社会主义核心价值观，学生能领悟。笔者曾组织长沙市少年宫文学班的中小学生参加由中国教育报等单位组织的"纪念中国人民抗日战争暨世界反法西斯战争胜利70周年"青少年征文活动，以培养他们的爱国情怀。写作前，笔者组织学生分班开展相关活动，有的到烈士公园瞻仰烈士纪念塔，有的到天心公园参观抗战纪念性建筑崇烈亭、崇烈门。接着，学生们在教室里举办了"抗日英雄故事会"，集中观看了电影《南京大屠杀》。后来，所有的学生都提交了作文。学生们的作文各具特色，有的分析了中国人民抗日战争持续时间长的原因，有的批判了那些贪生怕死的叛徒与伪军，有的写出了对中国人民抗日战争的深刻认识，还有的分析了

---

① 习近平. 习近平总书记系列重要讲话读本［M］. 北京：学习出版社，2016.
② 同①.

中国人民抗日战争胜利的意义……笔者鼓励个性表达，只要是符合征文活动主题的题材都可以，最后学生进行作文的形式多样——写故事，发议论，写书信……笔者将参赛的每一篇作文都打印展示在教室，由学生决定选哪些作文代表长沙市少年宫文学班去参赛。最终选送的肖岑珩、黄雨阳、熊英琪三位同学的作文在全国获奖，笔者也因此获得优秀指导奖。教师做了有效的引导，学生认同后，他们的思想与情感就能与教师的初心达成一致。另外，通过这些引导，学生还会明白该如何去了解历史，该如何汇集大家的智慧。而其中蕴含的民主教育，也能被学生接受、效仿，深入学生的心灵。

社会主义核心价值观的每一个词语背后都有深厚的内涵，值得中小学语文教师在写作教学中用心去思考，并把握好培育契机，挖掘背后的教育价值，让社会主义核心价值观的种子在中小学生心中生根发芽、真正培育起来。

中小学语文教师应注重写作教学中的思想与情感引领，要让中小学生恪守"文以载道"的道德风骨。叶圣陶先生说："千教万教，教人求真。千学万学，学做真人。"作文即做人，引导中小学生写思想正确而先进、情感真切而高尚的作文，就是引领他们做堂堂正正的人，就是引领他们走向幸福美好的人生。

中小学课外阅读教学模式变革初探

长沙市少年宫　殷　鹏

摘　要：为适应教育教学改革和社会进步对人才的新要求，对已经落后于时代发展的课外阅读教学模式进行适当变革。笔者通过平常的教学实践和对当前阅读教学现状的观察，经过思考，认为变革中小学课外阅读教学模式要从以下三个方面入手：把握主题，扩展阅读视野；以读促写，读写结合；培养健康的阅读审美，提升语文素养。

关键词：《红楼梦》阅读教学；以读促写；阅读审美模式

"读书足以怡情，足以傅彩，足以长才。其怡情也，最见于独处幽居之时；其傅彩也，最见于高谈阔论之中；其长才也，最见于处世判事之际。"这一段出自培根《论读书》的名言，相信很多人都很熟悉。如今越来越多的人认识到阅读对培养一个人智识的重要性，反映到教学领域则是掀起热火朝天的"阅读热"，但究竟如何让阅读从一种自发自觉的行为真正融入教学实践中、体现在学生语文素养提高上，身处教学一线的教师有必要进行系统的思考。

一、把握主题，扩展阅读视野

"现在的学生由于受到手机、电视等媒介的影响，直接获取的知识并不比普通成年人少，但由于传播媒介本身特点的限制，这些知识往往是碎片化的，缺乏系统的整合。再加上浮躁的社会风气或多或少也影响到校园，让他们静下心来读一本经典著作这种想法虽然很好，但实际效果却不尽如人意。"① 这

---

① 李天鹏. 高中语文古诗词教学创新策略研究［J］. 语文学刊（教育版），2015（7）.

里面有习惯养成的问题，但不可否认，缺乏主题引导、形式呆板、观念陈旧也是重要原因。比如一提到上阅读课，学生们往往兴高采烈，一窝蜂或借或买。一统计发现，书籍的种类五花八门，既有教育部推荐中小学生阅读的名著，也有市面上几块钱一本的《故事会》，或者是书店里面向成年人的畅销书。这样的阅读课看似热火朝天，其实由于缺乏明确的主题，学生并没有多少收获。

针对上述情况，笔者决定在所任教班级开展《红楼梦》专题阅读。"《红楼梦》被誉为中国封建社会百科全书，内容包含有园林、养生、服饰、饮食、游戏等方面。"① 笔者将学生分成不同的小组，每一个小组就《红楼梦》一个方面的知识进行归纳总结，最后全班互相交流。比如专门收集《红楼梦》中有关饮食的描写，并对其中出现的历史典故、民俗俚语、地方物产分门别类进行归纳。

这样整个学期下来，虽只读了《红楼梦》，但实际上以《红楼梦》为引子，已经将学生的阅读视野引向了不同的方向。扩大阅读视野的同时，始终不偏离《红楼梦》原书这条主线。长此以往，学生的文字表达能力有了明显的进步，写作时素材来源更加多样，运用素材也更加得心应手。

二、以读促写，读写结合

"阅读的最终目的是完成知识消化、吸收并输出的过程，如果只有输入而无输出，那就称不上是完整的阅读。"② 就平常笔者所看到的情况而言，大多数学生都对阅读抱有很大的热情，但是让他们将所读的书用自己的话概述，要么抓不住重点，顾左右而言他，要么就是干脆以沉默来回应。出现这样的结果，原因往往在于学生在阅读的过程中缺乏问题意识，不习惯灵活运用所学知识。长期以来，大家都有一种把阅读"妖魔化"的倾向，对具体文本的分析、写作手法的探究却不在意。

（一）带着问题意识分析文本

笔者在所任教班级开展读书会活动，其中有一期是介绍儿童文学作品

---

① 卫香香. 关于高中语文古诗词鉴赏课的若干建议 [J]. 文学教育（上），2017（10）.
② 朱亚萍. 初中语文阅读课堂的有效提问策略研究 [D]. 杭州：杭州师范大学，2012.

《小珊迪》。笔者要求学生带着问题意识去分析文本，比如《小珊迪》第二段写了小利比告诉那位先生，小珊迪被马车撞倒并轧坏了身子，他悲伤地说："说不定他会死的……"这句话是全文情感的触发点，但在文本中作者在这个关键的地方用了省略号。省略号的运用可以让学生产生很多联想，比如撞伤小珊迪的人有没有找到，小珊迪的父母为什么没有出现，小珊迪最后究竟怎么样了等，无形中把学生带入了文章的情境中。学生只有带着问题意识去分析文本才能深刻体会文本的内涵，才能从中深刻地体会到作者在创作时的匠心独运。

（二）探究文本背景，分析写作手法

当学生能够有意识地分析文本品读文章，有意识地寻找可供借鉴的写作方法，他才完成了从浅阅读到深阅读的转变。

笔者将余秋雨的《道士塔》一文推介给学生。对王圆箓、斯坦因、莫高窟等的介绍，丰富了学生对文本背景的理解；再通过对文本做具体分析来启发他们对具体写作手法的学习借鉴。如文中有这样一句："那天傍晚，当冒险家斯坦因装满箱子的一队牛车正要启程，他回头看了一眼西天凄艳的晚霞。那里，一个古老民族的伤口在滴血。"这一句是象征和比喻的综合运用。具体又从气氛渲染、场景想象、时空交互三个小的方面来说明斯坦因的卑劣行径对中华民族造成了多么大的伤害。

文本中这些小的细节，实际上非常体现一名作家的文学功力，同时又具有很强的示范性。所以每次遇到这样具有指导意义的范例，笔者都会让学生自主进行分析和讨论，让他们说出各自的阅读感受并分析写作技巧，这样能帮助他们借鉴学习其中的写作手法，提高文字表达能力。

三、培养健康的阅读审美，提升语文素养

在千禧年前后出生的这一代人，从小就接受互联网海量的信息冲击，促使他们能够更多地包容不同理念和异质文化，这就要求我们一线教师对某些教育理念进行根本性革新。

就学生阅读现状而言，如果不经过系统的阅读训练，不仅很难应付越来越复杂的新名词，比如"互联网＋""新常态""一带一路"等，而且连义务教育阶段的学习都难以完成。

综观现在的热门图书榜单，可以清晰地发现，排在榜单前列的往往都是现代文学，其中又以青春文学、奇幻悬疑类文学最畅销。因为现代人生活节奏快、工作压力大，大多数人没有时间去看那些需要花时间慢慢细读的经典文学作品。如果在课堂上问学生们最爱看什么书，十有八九会说玄幻小说之类的。这一类书往往情节节奏简单、故事性强、语言文字不讲究雕琢而重刺激。

如果说网络小说是快餐，那经典文学就像盛宴。经典文学诸如《红楼梦》《堂吉诃德》《忧郁的热带》等，既蕴含着前人对于社会人生的深刻思考，也包含着丰富的社会学、政治学、医学、哲学等各个门类的知识；既可以帮助学生开阔眼界积累知识，又能够让他们接触到不同风格的作品，培养他们健康的审美观，最终实现教育的目的——培养具有健康趣味、丰富知识、完善人格的人。

课外阅读的目的是什么，是体现在语文分数上还是体现在其他方面？笔者觉得这是一个值得探讨的问题。毋庸置疑，课外阅读的成效最终要体现在语文考试的分数上。但语文不同于数学或其他理科门类，它是一个综合考查项目，分数只是一方面，另一方面是语文实践。这个实践既体现在写作上，也体现在个人谈吐上。目前一些教育机构、教师或家长热衷于快速提高学生写作水平而单纯教授写作技巧来应付考试，笔者认为这是不可取的，毕竟课外阅读层次、水平的高低才最终决定作文水平的高低。平常注重课内知识的学习和内在道德的修养，通过课外阅读接触不同门类的课外知识，让学生对事物的认识更加深刻，文章的思想水平就不会流于浅薄。另外，"观千剑而后识器"，多看别人写的文章，潜移默化之下自身的写作水平也会得到提高，这时候再学写作技巧、提高写作能力就是水到渠成的事了。说到底，写作水平的提高不过是坚持阅读的一个副产品，最重要的还是提升思辨能力、阅读速度、知识储备、审美情趣、反应速度，这些能力最后都会反映到语文考试分数上去。

归根结底，无论是改进阅读方法、分析文本、借鉴写作技巧，还是培养学生健康的阅读审美、提升学生的语文素养，都任重而道远，需要各位同仁一起努力。

小学写作教学新思路探索 *

长沙市少年宫　王　圣

摘　要：以笔者积累的教学经验为基础，结合前人智慧，从"教"与"学"两方面进行探讨。写作教学应在三方面拓新思路：帮助学生树立信心，培养自主学习能力；教师教学有法，予鱼且授之以渔；注重持之以恒，鼓励肯定学生进步。激发学生自主学习的原始动力，鼓励学生做生活中的"有心人"和"小书虫"。教师可在写作教学时既教分类方法，又教写作的结构框架，多形式开展教学，将写作化为一种乐趣。

关键词：自主学习；教学新思路

在近几年的写作教学中，有种现象引起了笔者的注意：一部分学生反映写作是一件非常困难的事情，要么提笔不知如何下笔、脑袋空空，要么落笔潦草、不知所云，另一部分学生则能较好地达到相应年级的写作要求。经过对比观察两者的日常和课堂表现，笔者发现后者往往有着更为广阔的阅读面，理解能力和观察能力较强，在生活中有更多感兴趣的事情，更有做好笔记的习惯，口头表达能力较为突出；而前者则相对羞涩，不愿意敞开心扉交流讨论。经教学实践检验证明，以下教学新思路有利于提升学生的写作水平。

一、帮助学生树立信心，培养自主学习能力

在第一堂写作课上，努力帮助学生树立信心。作文既不是"纸老虎"，也不是"大顽石"，而是身边的一草一木和形形色色的故事，以及蕴藏在它们之中的情感体验。只要我们用眼睛观察，用耳朵倾听，用语言交流，用心体验，用手记录，我们每个人都可以成为"小作家"，创作出属于自己的优秀作品。

＊　本文获 2019 年湖南省教育学会优秀论文一等奖。

简单说来，写作无非是将口头语言转化为书面语言的过程，但是在转化的过程中，需要有意识地运用所学的文学、语言知识，尽量避开错别字、漏字添字、语句不够通顺优美、段落不分明、情感不真挚、中心不突出、结构不完整等"雷区"，写出一篇篇真挚感人、内容丰满的文字。

那么，这就要求学生既要做生活中的"有心人"，又要做爱学习爱积累的"小书虫"，还要做敢于发声的"传声筒"和乐于倾听交流的"大耳朵"，实现自主学。[①]

具体说来，一是要对生活中的人、事、物保持一定的敏感度，有意识地记忆和记录。每当发现有趣的人物或者事情，尽可能将观察、体验到的主要特点、事迹印在脑海，并在专门准备的本子上记录下来，哪怕只有一句话、一段话。二是大量阅读并做好摘抄、记录（感想）。阅读的内容可以是时事报刊、新闻报道，也可以是各种类型的书籍。对于第一种内容，可以以"剪报"的形式粘贴在摘抄本上，并在旁做上标注，写上几句自己的看法，做到"读中思"。第二种内容，就需要将好的词语、句子、段落摘录下来，并注明出处，包括文题、作者、书籍、页码等。最好对阅读的内容有所延伸和深入，比如，主题表达有类同的，可以在摘抄后写上相关的著作和作者，又或者同一作者在其他的作品中有类似表达的，也可以注明。三是多表达多倾听。在当好"有心人"和"小书虫"的基础上，学生还要敢于发声，将自己的所观、所想、所思、所学与同龄人、家人、老师分享，在分享交流的过程中，仔细聆听、反馈信息，触类旁通，拓展自己的思维和学习的深度、广度。

二、教师教学有法，予鱼且授之以渔

初次接触写作的学生需要根据范文进行模仿学习，才会有创新的基础，因此教师要先"予鱼"：课堂讲解写作知识后，教师出示相关的范文进行赏析，并在学生习作后也评选出至少三篇佳作进行赏析，要求学生对比发现每篇佳作的优点和缺点，提出自己的意见。但是不建议学生大量阅读作文书，

---

① 罗代青. 小学语文写作教学［J］. 中国人民大学复印报刊资料，教育学文摘，2016（8）.

因为这可能会使学生的思维固化，写出的作文故事框架化、感情僵化，不利于学生真实、创新地表达。甚至学生之间可以通过小采访的形式，询问佳作作者的构思历程和写作过程中存在的问题，教师及时予以反馈与指导。

接着，教师可以对写作要素进行分解，强化知识点，授之"以渔"：在营造轻松愉快的写作氛围的基础上，教师可以从宏观层面上分解作文，分为"龙睛"（标题）、"凤头"（开头）、"猪肚"（主体）、"豹尾"（结尾）、中心思想（主题表达）及贯穿其中的情感六大部分。在教学中，在明确它们之间是相互关联的基础上，可以就这些部分进行"各个击破"。标题切合主题；开头点明主题，富有文采；主体内容翔实，重点、特色突出而又不显重复啰嗦；结尾升华主题，回味无穷。全文感情真挚，段落间的过渡自然，主题鲜明深刻。

相较于作文的结构框架，从微观上来讲，一是教师需要注意不同的写作题材有不同的写作方法。[①] 在课堂上，教师要重点讲解不同题材作文的注意事项，如针对记叙文（写人、叙事、写景、状物等），教师要重点讲解如何写人叙事写景状物。写人，最直观的是外貌描写（五官、服饰、发型、体形）和个性描写（通过在具体的叙事中运用语言描写、动作描写、心理描写等呈现）；叙事，即完整地呈现"六要素"（时间、地点、人物、起因、经过、结果）；写景，根据景物的特点，合理使用移步换景、时间顺序和空间顺序；状物，根据所写之物的不同，写法也不尽相同，比如写生活用品，应着重描述其外部特征、内部结构和使用价值，如写动植物，则涉及对其形态、外貌、习性等的介绍。二是教师要尽可能让学生熟悉各种修辞手法和表达手法，如常见的夸张、对比、比喻、拟人、动静结合、叙议结合、情景交融、衬托对比、伏笔照应、托物言志、承上启下、开门见山、虚实相生等。三是学生互改，教师面批并总结归纳。学生相互批改，互留评语，指出问题所在和改进方向，学以致用，加深印象；教师面批遵循学生的独立性和差异性，针对性更强，更能直接触及学生写作的困难之处；总结归纳是将个性化的问题进行

---

① 张峰. 浅析小学写作四要素 [J]. 北京人民大学复印报刊资料，语言文字学，2017（10）.

汇总，找出问题根源，由教师进行点评，并提出解决的方法，这有助于进一步规范学生的写作。

三、注重持之以恒，鼓励肯定学生进步

"冰冻三尺非一日之寒"。写作能力的培养、思考观察习惯的养成是需要长时间有意识地磨砺的。学生在写作学习中会遇到大大小小的困难，教师要及时发现并启发解决，学生之间也可以交流，在适宜的时候，可以举行写作沙龙，交流写作中的困难，讨论解决办法；或者由教师确定若干个写作主题，学生分小组进行集体构思、创作。对学生每一次的进步教师都应予以鼓励和肯定，可以采用一定的奖励机制，调动学生学习的积极性和自主性。

总而言之，教师应以"滴水之功"循序渐进地培养学生好的写作习惯，让学生将写作当成生活的映射，当成乐趣的源泉，当成记录成长的方式。

从"米字格"三部曲感受书法字形之美 *
——基于结构认知逻辑的小学书法教学探讨

长沙市少年宫　周　扬

摘　要： 目前我国的部分小学已经有了书法课堂教学，但是在实际教学中也暴露了一些问题，其中，以学生"对书法中抽象概念难以理解""学习兴趣不浓""学习积极性不高"等问题最为显著。针对这些问题，本文基于"00后""10后"小学生成长特点及其认知能力，探讨在实际教学案例中通过"看一看""找一找""拼一拼""临创结合"等教学设计，使书法课堂学习变成学生觉得轻松、有趣的自主探究过程，进而提高学生的积极性，培养其艺术审美能力。

关键词： 小学书法教学；认知逻辑；兴趣

一、存在的问题及原因分析

书法是我国独特的传统艺术形式，历史悠久，源远流长。然而从书法教育与现代小学教育结合的实际情况来看，书法教育形式与信息化时代的小学生这一受众群体间仍存在一定的距离。"他们并不关心纸墨笔砚，而更在乎手机电脑"，这反映在实际教学中则是小学书法课堂教学与小学生之间存在距离感、陌生感、疏离感等问题，导致小学生对书法中抽象概念难以理解，学习积极性不高。

这些问题的出现，一方面是由于传统书法教学方式不适应现代小学教育受众。传统书法教学主要采取临摹、描摹等方法，其认识书法的逻辑也是程序化、流程化的，这些方法既不"生动"也不"有趣"，显得"死板僵化"没有互动。然而现阶段的小学书法教育的受众都是"00后""10后"，他们从小就接触手机、计算机、平板电脑、打印机等，这些社会进步、科技发展的产

＊ 本文曾获 2018 年湖南省教师教育学会优秀论文一等奖。

物潜移默化地影响着他们的思维和学习方式，进而改变着他们认识事物的基本逻辑。如果还是按照传统的书法教学逻辑，必然使部分小学生认为写字是枯燥的，是浪费时间的，从而对学习书法缺乏兴趣。另一方面，从认识逻辑角度对传统书法教学内容的挖掘不够。书法教育并非不能与时俱进，相关学者已经做了许多研究，如张小丽、慕德春从游戏化的认识逻辑角度挖掘书法教学内容价值，取得了较好的结论；吕立尊运用多媒体技术，从色彩和影像的认识逻辑角度挖掘书法教学方法，也取得了较好的成效。因此，在小学书法教学过程中通过深度挖掘传统书法的时代价值，运用符合新生代小学生认识逻辑的教学新方法，对培养、提高学生对书法学习的兴趣和积极性显得尤为重要。①

二、小学书法教学的字形结构认知逻辑

中国文字结构复杂，笔画繁简不一，变化多端。如何引导学生理解其主要特点、主要规律，掌握结字方式，是小学书法教学的一个难题。汉字是方块字，从汉字字形入手，结构虽多变，但主要的框架是相对固定的，要让学生理解汉字的结构，教师可以从字形结构认知逻辑出发，运用"看一看""找一找""拼一拼""临创结合"等多种方式，引导学生找出不同汉字的结构规律。通过添加笔画、添加偏旁等互动式课堂活动，使学生自然地、仔细地观察汉字结构，让枯燥的书法抽象概念教学和临摹学习变成有趣的自主探究活动。通过反复地观察、练习、归纳总结，使学生真正理解汉字的基本结构，熟练掌握汉字的结构规律。

三、字形结构认知逻辑在教学中的实践案例

笔者按照小学生的字形结构认知逻辑，结合日常教学实际，提出了"看一看""找一找""拼一拼""临创结合"教学设计，化被动教学为主动教学，使小学生由消极旁观者转化为积极参与者。

---

① 张小丽，慕德春. 小学书法教学的游戏化方式探索和研究 [J]. 美术教育研究，2017 (12).

（一）"看一看"，从认识"米字格"开始

米字格作为练习毛笔书法常用的习字格种类之一，能够使初学者在练习中把握好笔画的位置和组合，更主观地解读字形结构，做到更快、更好、更准确地定位。如图一：

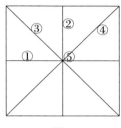

图一

①为米字格的横中线，指在米字格的最上方和最下方之间二分之一处的横线，用来观察字的上下部分结构定位和比例是否得当。

②为米字格的竖中线，指在米字格的最左边和最右边之间二分之一的竖直线，用来观察字的左右两部分是否安排恰当。

③为米字格的右斜线，指米字格左上角和右下角连接而成的线，用来观察字的左右走向。

④为米字格的左斜线，指米字格右上角和左下角连接而成的线，用来观察字左右的走向。

⑤中心点是指米字格横竖中线与左右斜线的交点，也是米字格的中心，作为参照点观察字的重心是否稳当。

（二）"找一找"，看看谁是火眼金睛

唐代孙过庭言之："一点成一字之规，一字乃终篇之准。"确定好每个字第一笔笔画的位置，有助于安排字的整体笔画位置及间架结构。借助米字格，我们通过横中线、竖中线、右斜线、左斜线来分析"也"字（图二）的三笔笔画。

图二

"也"字第一笔为横折钩，我们可以观察到，横画是从横中线起笔，微微右上斜至竖中线，折后沿竖中线向下至中心点收笔。第二笔竖画在第一笔横画的二分之一处，在右斜线与竖中线上部的中间位置起笔，垂直行笔至左斜线。第三笔竖弯钩起笔略低于第二笔竖画，使这个字上部形成一个斜面，丰富字的外部轮廓；竖画至横中线与左斜线中间位置收笔横向延展，在横中线处出钩。有了最后一笔横向延展，使之与中宫收紧形成强烈对比。学生借助米字格四条辅助线，通过"找一找"游戏定位"也"字中的三笔笔画位置，确定字的框架，能更直观地感受字形结构。

（三）"拼一拼"，出新意

乐学善学，让学生体验成功的乐趣，增强信心。学生在学习中都有掌握知识的愿望，当他们的学习取得成功、愿望实现的时候，就会有一种心理上的成就感。这种成就感，又产生一种追求，想继续取得成功，这就激发了深入学习的动机和兴趣。[①]

图三

---

① 教育部语言文字应用研究所. 小学生软笔书法练习指导［M］. 北京：人民出版社.
   2013.

于是，从临摹到创作，我们可以再在字帖上找到一个"土字旁"，与"也"字拼起来，创作"地"字（图三）。但是，这样拼凑合理吗？当"拼一拼"拼出"地"字后，学生可以自主查阅并对比字典上或者其他字帖上的"地"字，看看哪些地方不同，如何调整可以达到最佳效果。

中国学生发展核心素养中"勤于反思"基本要点告诉我们：具有对自己的学习状态进行审视的意识和习惯，善于总结经验；能够根据不同情境和自身实际，选择或调整学习策略和方法等。① 从"也"字到"地"字，再到尝试不同组合方式的"地"字结构，通过举一反三的实践练习，学生潜移默化地了解并熟悉掌握字的结构。

（四）临创结合，乐学善学

最后又回到字帖临摹"也"和"地"，归纳与这两个字相类似的结构的字，比如"池""他"（图四）等，通过反复地临摹—创作—临摹，学生观察字帖会更加细致。学生是在自主观察和学习，而不是跟着教师或者字帖上的某一个字盲目临摹。

图四

"看一看""找一找""拼一拼""临创结合"教学设计让学生更直观地理解汉字结构，激发学生的想象，变抽象为具体，从而达到"教得生动、学得活泼、练得扎实"的效果，使书法课堂教学成为学生自主学习的过程。

---

① 吕立尊. 多媒体辅助小学书法教学初探 [J]. 华夏教师，2018（12）.

少儿美术线描教学新思路

长沙市少年宫　周圆圆

摘　要：线描是美术学习的基础，对培养少儿学习美术的兴趣爱好、开拓少儿思维、塑造少儿性格及开发少儿智力都有着重要价值。线描教学应当注重运用多元手段，启迪学生线描学习的审美思维；注重循序渐进，由浅至深进行线描写生练习；兼顾结果评价和过程评价，建构多角度的评价体系。

关键词：少儿；美术；线描

儿童生来就具备绘画的天赋，他们愿意用手中的画笔去描绘眼中所看到的事物与世界。他们的本能表现处于最原始最稚拙的状态，他们创作的第一幅画作绝大多数是由线条构成的。线条具有种类丰富、构图方法多元等特征，是绘画学习的基础。指导少儿学习线描，对培养少儿学习美术的兴趣爱好、开拓少儿思维、塑造少儿性格及开发少儿智力都有着不容忽视的重要价值，也是美术教育工作者应当高度关注的课题之一。那么，怎样高效地组织美术线描教学呢？笔者认为，启迪学生线描学习的审美思维、重视每个学生的线描写生参与过程、培养学生的学习兴趣，多管齐下，是成功开展线描课的关键。

一、运用多元手段，启迪学生线描学习的审美思维

对于刚接触美术学习的学生而言，培养他们对线描的认知存在一个递进的过程。笔者在示范骏马的线描画法时，还未动笔，就有不少学生自告奋勇地站起来说："老师，你的画法太简单了，我在家画过很多次了……"也有学生表示，他不但画过马，连牛、羊、狗等都画过，非常简单。事实上相当一部分学生对马的了解仅限于动物园、电视节目《动物世界》或动画片等信息来源，至于绘画、线描，或许他们曾有过一两次类似主题的线描作品体验，

但也仅限于此，更不用说大多数学生并未体验过的在五彩缤纷的卡纸上和立体的盘子上手绘动物的经历。线描教学中，教师要勇于突破单一、僵化的线描教学模式，运用多元手段，引导学生从多视角欣赏、学习线描作品。

（一）多媒体视听教学，培养学生的直觉创意思维

多媒体是有效开展美术线描教学的辅助工具，通过音视频结合的方式，激发学生的直觉思维，在线描画练习中融入更多的创意。线描教学中，教师应当有效地利用多媒体视听功能，让学生对线描画的语言表现有所了解，用多媒体展示实物，并辅以配乐，将学生的直觉思维和绘画欲望充分调动起来。例如，教师可以播放《成吉思汗的两匹骏马》《大骏马》等动画短片，由学生自行观察马的身体结构、四肢体征、奔驰形态等，让学生由单色绘画开始，逐步完成彩色线描骏马、拟人骏马的绘画过程。其间，教师不必对学生的临摹学习做过多要求，学生可以自行选择临摹主题物，也可以放飞想象，在临摹物周边自由发挥增设不同的背景。笔者曾经引用过美国的《艺术创想》系列视频，让学生们通过观看视频的方式，深入地了解绘画创造的过程，并加深对不同主题物的理解。

（二）引入民间美术资源，放飞学生想象的翅膀

所谓民间美术，即象征人们美好祝愿且由人民群众装饰制作的美术作品，它有着强烈的民族特色和象征寓意，其形式丰富多样，包括绘画、雕塑、玩具、服饰、家具、器皿、戏具、剪纸等。因学生生活阅历不丰富、思维方式不成熟，教师在线描教学中应拓宽教学资源、丰富教学主题，以便更好地打造高效课堂教学。在线描课堂中指导学生欣赏民间美术资源，可以使教学贴近学生的"最近发展区"，使他们能够欣赏并发现作品中的线描元素以及画纸与构图的比例，在点滴学习中掌握线描基础知识，培养艺术情操。

比如，教师可以通过多媒体课件或视频等形式，展示民间年画作品《年年有余》，在指导学生观察的基础上，指导学生对年画中的人物、鱼、荷花等线描元素进行分析。① 而后再转换类似的年画，如《凤凰来仪》，指导学生观察比较，对两幅年画构图比例、位置、颜色的差异等进行总结归纳，使学生了解并运用不同的颜色搭配、线条组合和图案来绘制出不同的作品。也可以向学生发放木偶人物唐僧的简化图，指导学生在原图基础上进行线条、颜色的添加，由学生自行完成背景的制作，以此锻炼他们对线描基础元素——点、线、面的掌握和应用。有一次在课堂上，教师以"端午节"为课题，引入民间美术资源，引导学生采取民间绘画的方式，如国画和版画。尤其是传统的国画具有浓浓的中国风，学生们很是喜欢。同时，课堂上还运用了传统手工，如剪纸、泥塑等，学生们玩得非常开心，教学效果比较好。通过引入民间美术元素，他们不仅体验了绘画的乐趣，也感受到了人文艺术的魅力。②

二、注重循序渐进，由浅至深进行线描写生练习

由于其年龄段的特殊心理发展变化，少儿往往思维活跃、注意力易分散，加之校外美术培训机构普遍忽视简笔画教学，不少学生在美术学习中往往存在缺少生活观察、机械呆板地依照记忆符号作画的不良习惯。③ 如果学生长期重复旧内容而缺乏新鲜思维的注入，其创作源泉必然会枯竭，以致无法从中获取满足感，对美术学习的兴趣和热情也会大大减退。因此，线描教学应当注重循序渐进，引导和启发学生积极参与线描写生练习，以动物、人物与景象为观察对象，采取阶梯式教学，在教师引导启发下清晰地理解事物，继而完成在理解基础之上的绘画表现，其画作的感染力会更强。

（一）由静物写生掌握绘画形象特征与构图技巧

以静物写生为例，教师可以选择一些形状、色彩、结构富有变化且能展现出形式美的果蔬、生活用品作为写生对象。比如大蒜，层层叠叠的蒜皮包

① 刘思琦，吴东. 浅谈少儿美术教育中多媒体视觉图像教育的作用 [J]. 美术教育研究，2018（20）.

② 乔云. 基于多元智能理论的小学生线描画创作教学模式构建与实践 [J]. 新课程导学，2014（25）.

③ 刘增玉. 校外少儿美术教育课程现状调查——以焦作市为例 [J]. 文教资料，2019（13）.

裹着蒜瓣，表面凹凸不平，底部还有长短、粗细不一的根须；比如玉米，层层叶片向四方散开，弧度不一，看似规则分布的玉米粒也有着细微的差别，玉米须钻进紧实分布的玉米粒缝隙中……教师可以启发学生依凭直觉的指引，借由瞬间印象特征完成作画，其间不但要指导学生对绘画对象形象特征的细腻把握，也要注意静物间的对比关系，如大小、长短、形状等。[①] 整体构图形式也需要注意，要引导学生恰当地选择梯形式、三角式、S型等构图方法，完美地展现写生对象间的疏密错落关系。

(二) 由动物、人物和景物写生磨炼绘画观察技巧

囿于身心发育特征和学习能力，少儿常常对动物、人物和风景写生不适应，难以准确地画出写生对象的比例及结构。但需注意的是，此阶段的学生应更多掌握的是绘画观察技巧而非绘画能力。

动物和人，包括部分景物，都是有生命的物象，学生往往难以在短时间内快速观察并总结出物象的信息、特征，因此教师可以选取处于相对静止状态或动作幅度不大的物象作为写生对象。比如，选取大象、骆驼之类有着明确形象特征且动作相对迟缓的动物，供学生绘画练习之用。至于人物、景物写生，教学中不必要求学生准确地把握写生对象的比例及结构，最关键的是要培养学生的观察能力，使其将写生对象的神态、情感展现出来。教师同样可以选择有明显特征的人物或景物，如可将人物置于特定生活情境中（读书、烹饪、运动、劳作等），使学生能够更加准确地把握人物情感或动作。

三、兼顾过程评价和结果评价，建构多角度的评价体系

线描教学评价应当兼顾过程评价和结果评价。因学生的美术天赋存在客观差异且发展水平各不相同，评价应当更多地关注学生美术创作的弹性与灵活性，同时也需要凸显学生内在的审美原则。优秀作品应具备下述特征：其一，关注学生的创造表现能力，以内容新颖、有创新想象力、绘画语言适当且形象生动活泼的作品为优，不鼓励单纯概念化的模仿；其二，强调画作的

---

① 华伟琴. 小学美术线描画的教学探究 [J]. 青春岁月（学术版），2013（2）.

强烈感受力，以准确捕捉物象特征、分析描述物象结构到位、注入情感经验等为优。

当然，少儿美术线描教学评价不必过于严格，学生能在其中的若干方面有突出表现就已经不错了。教师应当对学生在线描学习中所展露的闪光点予以鼓励和表扬。比如，有的学生在线描绘画中风格或粗犷洒脱，或细腻严谨；有学生喜爱以装饰手法表现对象，也有学生偏爱一板一眼地写实……只要把握了物象特征或结构特性，就一样值得肯定。此外，学生在线描学习中是否专注、有无积极参与，以及知识掌握情况、美术语言表述情况等，都应当成为教学评价的重要考量指标。

综上，线描是学生美术学习的基础，教师应当予以足够的重视。教师要不断摸索发现线描教学中暴露出的问题，开展教学研究，与时俱进，创新丰富教学方法，促进美术教学发展，以培养学生的美术学习兴趣与审美情趣。

校外少儿美术教学用书编写实践与探索

长沙市少年宫　谢苏佩

摘　要：随着新课程标准的不断落实，美育成为小学教育的重要组成部分，少儿美术教育也越来越受到大家的关注。少年宫作为校外少儿美术培训基地，在学生美育教育中发挥着重要作用。为了更好地开展校外少儿美术教育，长沙市少年宫结合学生特点和学科特点，策划编写了关于校外少儿美术的教学用书。本文从教学用书编写的意义、要点、问题及对策方面来进行思考和探索。

关键词：校外少儿美术教育；教学用书编写；教学积累

一、编写校外少儿美术教学用书的意义

校外少儿美术教育是家庭及学校教育的延伸和补充，不局限于国家统一的课程标准，其教学模式相对较灵活，且具有创新性、开放性和趣味性。与校内美术教育相比，校外美术课程更具社会性，学生的年龄跨度和流动性较大，每学期的师生组合都会发生变化，课程的阶段性目标明确。[①] 为了能更具针对性地开展教学，长沙市少年宫结合学生特点和学科特点，策划编写了供少年宫师生使用的校外少儿美术教学用书。

二、编写校外少儿美术教学用书的要点

（一）贴近生活

美术作为一门艺术，主要来源于生活。许多优秀的、有内涵的美术作品及创作手法都来自实践，所以在课程选择上应该多注重与学生的日常生活相

---

① 肖弋. 校外不"外"——校外美术教育研究［J］. 中国中小学美术，2018（01）.

结合，提倡学生在生活情境中进行美术创作，这样能加深学生对美术创作的理解，减少创作难度。[①] 以教学用书中"线的魅力"这节课为例，要学生在生活场景和周边物品中寻找线条的存在，如教室中的线条、宣传画上的线条、书本上的线条等，引导他们对这些生活中常见的线条进行概括和总结，并加工创作运用到作品中。通过引导学生对日常生活进行观察，将生活素材与绘画专业技能相结合并运用至绘画创作当中。

（二）形式多样

美术不同于其他学科，学生更加需要发挥想象力来进行创作，所以美术课程的设置应该要呈现出多样化的形式。

1. 创作材料多样化

随着绘画艺术的发展，美术作品的呈现早已不局限于某一个画种。丰富的综合材料能为学生提供更为广阔的想象空间和多样的表现手法，因此在课程设置上不应拘泥于单纯的绘画，而是要加入不同材料来进行创作。在教学用书中特设置"综合材料"单元，在创作中使用超轻黏土、卡纸、棉花等材料，让学生感受不同材料的特点及其表现出的不同质感，同时使学生的动手能力得到有效锻炼。

2. 课程形式多样化

课堂授课是在教学中运用得最多的形式，便捷、高效。但是在美术课程中，单纯的课堂授课并不能满足学生的创作需求。教学用书中特别设置了两次主题实践活动——"岳麓山写生活动"和"画展参观活动"。写生能提高学生的创作热情，让他们充分融入创作的情境当中，提高作品的色彩表现力；美术展览的浓烈艺术氛围，能够给学生带来在课堂中领略不到的美的体验，从而进一步提升他们的审美情趣。

三、校外少儿美术教学用书编写中遇到的问题及解决对策

为了打开思路，博采众长，编写教学用书往往都是以团队的形式进行，

---

① 姚媛. 小学美术课堂贴近生活的教学方式探寻 [J]. 中华少年，2017 (16).

需要花费大量的人力、物力与精力才能完成。在本次教学用书编写过程中，虽然取得了一定的成果，但是由于条件的限制，也遇到了一些暂时无法克服的难题。

教学用书编创团队人数较少，思维受限，以至于课程内容的体现不够丰富。与学校相比，少年宫的学生人数有限，能够参与到创编课题当中的更少。所以本次教学用书中编写的课程内容没办法得到充分的实践，导致难以发现课程设置的缺陷，使得课程内容得不到及时的优化。

针对本次教学用书编写中出现的这些问题，笔者结合课题反思和教编专家的经验，思考总结了一些改进的对策。

教学用书的编写是一个集思广益的过程，所以建立一支优秀、全面的教编团队很重要。在单位或机构人力资源不足的情况下，可申请寻求外援，也可多请教经验丰富的教研专家，多和参与过优秀校本教学用书编写的一线教师进行交流。同时也要及时关注其他图书和网络上的资讯，不断增强教学用书创编过程中的资源储备。

取得好的教学成果需要大量的教学积累和教学实践，一本优秀的教学用书更是如此。尤其是校外少儿美术教学用书，要适应校外美术教育的社会性、使用人群的多样性等特点，需要在课程开发阶段，在不同年龄层次、不同美术基础的学生中进行教学实践，并从实际的课程开展中发现问题、解决问题，及时对课程内容进行优化，从而提升教学用书的质量。

四、结语

校外少儿美术教育蓬勃发展，但校外少儿美术教学用书暂时还没能跟上其快速发展的脚步。无论是少年宫还是校外培训机构都应该加强对教学课程的归纳与总结，参考校内美术教育的课程标准，建立系统的校外少儿美术知识体系，将其作为校外美术培训教师进行教学的参照依据，从而推动校外少儿美术教育的进一步发展。

浅谈中小学开设创客课程的意义

长沙市少年宫　龚树梁

摘　要： 创意来源于生活，来源于对生活的观察和思考。人们在现实生活中观察思考并发现问题，发挥想象力，激发创新意识。创造一个新的作品，在实操的过程中，从创意到现实，可提升观察和解决问题的能力。创客教育是在学生的兴趣爱好之上，利用创客工具，运用工程、艺术、数学、技术等学科知识，创造新的作品，鼓励结果分享，培养跨学科解决问题的能力和创新创造能力的一种素质教育。

关键词： 创客；创客课程；创客教育

2015年，"创客"成为"2015年十大流行语"之一。自此以后，无数个创客空间面世。创客教育走进中小学课堂已经是一种必然的趋势，创客课程的开发也成为各个创客空间研究的重点内容。

随着社会的发展和科技的进步，创客教育逐渐成为一种新常态。学生在创造学习的过程中实现跨学科的融合，并不断地综合运用不同学科的理论知识去创造新的成果，发现新的设计思路。创客教育作为一种素质教育，能在很大程度上改变学生的传统学习方式，提高其实践动手能力。因此，在中小学开设创客教育课程是未来的发展趋势。

一、深刻理解创客教育

对于创客教育的理解，有的人认为创客就是创新；有的人认为创客与学校教育无关，与课堂教学无关；还有人认为创客是成人的事，与中小学生无关。① 作为一名教育工作者，这些认识上的偏差引发了笔者的思考。在当前的教育体系中，虽然对素质教育的重视程度在慢慢地提升，但对学生的学习评价最终还是以分数的形式来体现。如果学生的成绩不好、考试分数不高，他自然看不到自身学习的价值，便会对学习失去兴趣，不会主动去学习。创客教育是一种素质教育，创客课程与传统课程的关系是相互融入，是把传统课程的理论知识融合在一起，提出新的设计思路，解决生活中的实际问题。经过四年的发展，虽然创客课程在创客空间里随处可见，但是在中小学一线教师的眼中，它仍然是一个新的概念。如何在中小学有效地开展创客教育，仍然是一个新的课题。

二、准确把握创客课程的定位

（一）创客课程的重要性

现在的中小学生思维敏捷、好奇心特别强，很多问题都想"打破砂锅璺到底"。因此我们应该抓住他们的这一特点，引导他们去思考，鼓励他们去探索，只有在思考和探索的过程中，才会不断地激起学生的好奇心和求知欲，从而培养其兴趣，提高其思维能力。

很多人不理解创客课程和传统学科课程有什么区别。传统学科的教学是教师主动教、学生被动学，是教师单方面向学生输送知识，学生的主动性较差。学生很难把在课堂上学到的理论知识运用到生活实际中去，所以学到的知识大多脱离了现实生活。创客教育就解决了这个问题，给了学生一个将课堂上所学的理论知识运用到现实生活中的机会，学生在生活实践中主动去发现问题，并运用多学科知识和创客工具来解决问题，不论是实践过程中的交流还是创造结束后的成果分享，对学生素质的培养都是非常重要的。

（二）企业化的创客课程

现在社会上有很多创客公司，创客教育的课程也非常多，如机器人创客课程、3D One 创客课程、掌控版创客学习课程、Scratch 创客学习课程等，

---

① 江永扎巴. 浅论新课程背景下的初中藏文课堂情感教育 [J]. 数码设计（下），2018（8）.

不计其数，这些都是基于人工智能开发而创办的，是被动式的学习模式，不是开放式的学习，它们限制了学生的思维，达不到理想的创客教育效果，不适合所有中小学生，只适合部分感兴趣的和有经济条件的学生去学习。因为是由以营利为目的的创客公司开发，所开发的平台工具达不到普及的效果，不能算是真正的创客教育。

（三）大众化的创客课程

创客教育要结合实际，精准定位，根据当下教学环境和学生的实际能力去设计课程。笔者编写的创客教育课程用书，是针对普及教育的，重点在于培养学生发现生活中的实际问题，将想法进行实践创造，通过工程技术的手段将想法变成现实，展现在大家眼前的能力。如不滴漆的漆刷，是在传统漆刷的手柄中部、刷毛的上方，粘贴一个用于挡住油漆滴落的隔离套，避免刷漆时油漆倒流。既解决了实际问题又创造了生活的乐趣，更提高了学生的实践动手能力。

三、创客教育的社会效应

创客教育是集体众创、跨学科融合的综合教育，要从精英教育走向大众教育。创客教育需要鼓励学生自己思考、自己动手发明创造，教师只起引导的作用，鼓励团队合作，使其自然地融合运用各学科所学知识，激发学生的兴趣。[①]

开展创客教育，要让学生面向社会，面向未来。笔者读高中时是 2002年，那时的普通高中学生在学校里都是学习传统的理论知识课程，部分高中生没考上大学便结束了学业，直接走向社会，他们缺乏相应的技能，从而增加了在社会上生存的难度。然而，现在的一部分大学生也没有目标，他们不知道自己所学的知识有什么用、毕业以后能做什么。而创客教育具有开放性的思维特点，主张动手实践，自己动手、共同创新。成为创客，目的是培养能够把自己的创意创造出成品的能力。所以，在中小学开设创客课程是有着

---

① 刘文迪. 创客教育在小学科学中的运用［J］. 中国教育技术装备，2015（03）.

重要意义的，不论是对学生还是对社会。

有教育家曾说过，生活即教育，教育即生活。[①] 在中小学开设创客课程，能更好地培养学生的创新思维和实践动手能力，提升素质教育，让学生全面发展。

---

① 卢秋红. 创客教育与教育创新 [J]. 中小学信息技术教育，2014（4）.

小学阶段校外科学教育的现实桎梏与突破路径探析

——基于"STEAM"教育理念

长沙市少年宫　姚　佳

摘　要： 在科技创新为经济发展推动力的时代，提高公民科学创新素养是促进经济发展和增强国家竞争力的重要措施，应从小学开始有意识地培养学生的科学创新素养，而来自美国的"STEAM"教育理念对提升学生科学创新素养有极大的推动作用，有助于学生在未来有能力应对快速变化的科技，实现创造性发展。分析我国小学阶段科学教育的发展现状，虽然教育部颁布的《全日制义务教育科学（3～6年级）课程标准（实验稿）》明确指出，学生应广泛利用资源来进行校外科学学习，但目前我国小学阶段校外科学教育仍存在如校外科学教育的师资力量不均衡、校外科学教育内容缺乏创新且活动组织流于形式、校外科学活动组织主体的参与意识低且相关校外机构少等诸多现实桎梏，本文将基于"STEAM"教育理念，针对其现实桎梏提出有效的突破路径。

关键词： 校外科学教育；"STEAM"教育；现实桎梏；突破路径

随着社会不断发展，我们已进入科技创新为经济发展推动力的时代，必须掌握最新科技成果才能在国际竞争中占优势地位，因此提高公民科学创新素养是促进经济发展和增强国家竞争力的重要措施，我们应从小学开始有意识地培养学生的科学创新素养。为适应国家对科技创新人才培养的需求，2001年3月，教育部颁布的《全日制义务教育科学（3～6年级）课程标准（实验稿）》（以下简称《标准》）明确指出，科学教育是开放性的，要求引导学生广泛利用家庭、社会、自然、网络、媒体等资源进行校外科学学习。《标准》的颁布引起了教育界对小学阶段校外科学教育的热烈关注，进而推动了小学阶段校外科学教育的发展。但截至今日，我国小学阶段校外科学教育仍存在着诸多局限。本文将探讨当前我国小学阶段校外科学教育发展的现实桎梏，并基于"STEAM"教育理念，针对其现实桎梏提出有效的突破路径。

一、"STEAM"教育理念及其对提升学生科学创新素养的作用

"STEAM"一词源于美国的"STEM"教育，指的是将科学（Science）、技术（Technology）、工程（Engineering）、数学（Mathematics）等四门学科以科学融合为切入点、以实践为载体、以培养学习者创新精神为目标而整合在一起的教育体系，[①] 后来教育者们认为完整的教育体系应该还包括艺术（Arts），因此，"STEAM"教育相应而生。[②] 美国的科学教育领域最先重视"STEAM"教育，例如2008年美国国家研究委员会创建的《21世纪技能框架和由美国工程与技术认证委员会（ABET）开发的工程标准》就极大地推动了教育评价标准的构建，[③] 并逐渐形成了相应的、成体系的教学方法和评价机制。近年来，"STEAM"教育理念越发引起我国科学教育研究者们的关注，关于"STEAM"教育理念对提升学生科学创新素养的作用也有了一定的研究成果。首先，"STEAM"教育理念倡导一种颠覆传统学习过程与单一学科思维、致力于培养创新素养和复合型人才的统整学习方式，旨在培养学生科学探究和解决实际问题所必需的技能、策略和思维路径；[④] 其次，"STEAM"教育理念可以帮助学生跨学科融合知识，例如将技术、科学、工程、数学和人文艺术等多个学科进行融合学习，并经由实践解决现实问题和开展创新设

---

① 赵国安. 基于STEAM理念的校外科学实验室机体群构建研究 [J]. 远程教育杂志，2017（03）.

② 任友群，张逸中. STEM视角看教育改革如何促进科技创新 [N]. 文汇报，2015-07-17（06）.

③ ABET. Criteria for accrediting engineering programs，2015-2016 [DB/OL]. http：//www. abet. org/Accreditation/accreditation-criteria/criteria-for-accreditingengineering-programs-2015-2016/♯outcomes，2015-08-19.

④ 李王伟，徐晓东. 作为一种学习方式存在的 STEAM 教育：路径何为 [J]. 电化教育研究，2018（09）.

计，进而不断培养和提升学生科学创新素养；[①] 最后，"STEAM"教育理念倡导问题导向学习，引导学生自主整合各种知识。这不仅有利于激发学生学习兴趣，还能帮助学生建立自己的知识体系，使他们在未来有能力应对快速变化的科技，实现创造性发展。

二、我国小学阶段校外科学教育当前发展的现实桎梏

校外科学教育即在学校科学课程计划或标准的基础上，依托于课余时间的素质教育，将科学知识、思想、方法、精神等有机统一起来，有目的、有计划、有组织地进行各种教育活动，[②] 以此来提高学生的科学创新素养水平，为创新人才的培养夯实基础。校外科学教育通过广泛利用科技馆、博物馆、文化馆、青少年活动中心等多种社会资源和自然资源，以此来弥补狭窄的校内环境与有限的校内资源所造成的局限性，为学生创设更多富有冲突的、基于主题探究学习的社会化情境，且由于无严格科目划分，有利于学生进行跨学科知识整合，培养其探究与建构能力。然而，我国小学阶段校外科学教育发展速度缓慢，存在诸多现实桎梏。

（一）校外科学教育的师资力量不均衡

首先，从教师资质分析，现有的小学校外科学辅导老师只有少部分专业对口或取得了相应的资质，大部分科学老师是非相关专业毕业，且在从事科学教学工作之前没有任何的相关经验积累，这就导致校外科学教师队伍的组成较为紊乱，教师的科学素养与教学能力存在较大的差异性。其次，从城市差异分析，一、二线城市的科学教师专业素养与教育水平要高于三、四线城市，且由于生活环境、经济条件等因素的限制，大部分科学教师更倾向于留在一、二线城市工作，三、四线城市的科学教师数量远不能满足需求，因此，这些城市所开展的校外科学教育无论是在规模、频率还是质量方面都远低于

---

① 师保国，高云峰，马玉赫. STEAM 教育对学生创新素养的影响及其实施策略［J］. 中国电化教育，2017（04）.

② 王凤才. 以校外科技活动实现科学过程技能目标的途径探索［D］. 长春：东北师范大学，2002.

一、二线城市。最后，我国当前只有少数地区对科学教师进行了"STEAM"相关课程的培训，而绝大部分的科学教师还停留在传统的科学教育模式上，没有认识到构建综合知识体系和提高科学创新素养的重要性。

（二）校外科学教育内容缺乏创新，活动组织流于形式

首先，在校外科学教育内容上，现阶段我国校外科学教育主要集中于生物、物理和生态环境等三方面，对于如天文、宇宙等其他类别关注较少，且每门学科都是独立学习，并未进行跨学科知识整合，科学教育内容的建构过于机械化，不利于学生将冗杂的知识进行整合，建立自己的知识体系。在校外科学教育资源上，大部分学生与家长只知道可以去青少年宫、博物馆、图书馆等科学教育场所，并不清楚如科学节活动等其他的科学教育资源，甚至连科技馆都不太关注。其次，在校外科学教育活动组织上，群体参与是最为普遍的方式，但就目前所开展的群体性活动，并未给学生带来针对性强的科技教育。[①] 此外，校外学科竞赛的目的也越来越功利化，为了达成功利性目的，有些教师甚至采用了包办的手段。

（三）校外科学活动组织主体的参与意识低，相关校外机构少

2016 年颁布的《全民科学素质行动计划纲要》提出，科学教育应结合校内外，积极引导校外教育发展方向，创建以校外和校内相结合形式的科学教育体系。[②] 小学阶段校外科学教育活动必须依靠学校、家长、政府、社会等四方主体联动才能有效开展，而在当前应试教育背景下，我国小学生的家长并不重视培养孩子的科学创新素养，学校也未联合政府、家长等多方主体，社会方面一些部门机构如科技馆、科协等主体并未发挥出自身应有的作用，相关的专业机构也未与学校开展合作参与到校外科学教育中，校外科学教育仍主要依靠学校单方面的力量，局限于开展社团活动的方式，且乡村或经济不

---

① 庞力伟. 上海市青少年校外科技教育组织实施的调查研究 [D]. 上海：上海师范大学，2010.
② 刘嘉琪. 小学阶段校外科学教育开展情况调查研究 [D]. 武汉：华中师范大学，2017.

发达地区的学校设施缺乏，校外科学教育活动的开展受到了极大的限制。

三、"STEAM"教育理念下小学阶段校外科学教育的突破路径

（一）提升校外科学教师的专业素养，打造探究型师资队伍

"STEAM"教育理念倡导相关学科的整合，培养学生的知识结构与实践创新能力，这就要求对口教师储备多种学科知识，具备相应的科学态度、科学精神和探究能力，能将科学教育理论、科学方法与艺术素养相结合，并需要一定的课程开发能力。首先，各地方政府及相关职能部门应根据当地实际情况制定科学教师培训方案，采取多种形式涵盖各岗位的科学教育教师，并引进"STEAM"教育理念，培养校外科学教师的整合学科知识能力、创新思维能力和探究问题能力，提升科学教师的专业素养。其次，应联合多方机构，聘请专家指导，让教师掌握先进的科学教育实施路径与教学方法，提高教师的科学指导能力，进而提高学生的科学创新素养。最后，高校的教育技术专业学生是小学阶段科学课程开发与教育指导的储备军，可以通过在高校教育技术专业增设"STEAM"课程等多种方式来为小学校外科学教育的发展储备师资。

（二）创新校外科学教育课程，丰富校外科学活动组织形式

首先，在课程上，受"STEAM"教育理念的启发，小学阶段的校外科学教育课程的创新可以围绕学科整合的角度开展，例如，科学、数学、工程、技术和艺术等学科内容可以重组并与实践相结合，开展以问题为导向的探究学习。创新校外课程还应注重资源的开发与利用，如利用家庭的科学资源、协会的科学资源和高校实验室等诸多科学资源，加上学校、行政部门、专业机构等三方力量的协作与配合，成为推进小学校外科学教育发展的有力保障。其次，在教学上，教学设计应充分考虑学生学习兴趣，能与学生的实际生活相联系，并在此基础上形成相应的教学模式，例如余胜泉教授提出的"STEAM"教学模式，包括教学任务、教学分析、工具与资源设计、支架设计、学习活动过程设计、评价设计、知识结构与强化练习、项目教学应用

（设计修订）、总结性评价等环节。① 最后，在组织形式上，学校或相关部门组织者应考虑小学校外科学活动的整体性，制定校外组织科学教育活动的指导方案，减少盲目性、重复性的工作。另外，还应加强其他专业机构在校外科学活动中的组织作用，并赋予科学教师相应的权利，提高科学教师与其他主体机构在活动组织中的积极性，激发教师及其他主体采取多样化校外科学活动组织形式的兴趣，从而达到丰富校外科学活动组织形式的目的。

（三）协同联动多方主体共同开展校外科学教育，拓展培养路径

首先，校外相关专业机构应主动联系学校寻求合作，根据学校规模与自身情况，制定类似科学课程进校园的实施方案，于固定时间在学校开设科学课程，并配合学校开展科学活动。同时，学校也应设定相应的岗位，做好科学辅导员的选拔和任用工作，并且明确其权责与工作量。其次，学校应积极与家长沟通，通过家长会、家访等途径提高家长培养子女科学创新素养的意识，鼓励家长参与到校外科学教育活动中来。再次，学校还可以同科研机构或大学实验室协作，建立长效的合作机制，为小学生提供参与高阶思维活动的机会。最后，相关部门应为小学生建立起校外科学教育与互动的平台，每年定期举办相应的科学作品展示、竞赛和探讨活动，在社区开展如"3D 笔绘画"等科学体验活动，有经济条件的地区还可以适当举办公益性质的科普活动，加强全民对科学创新素养的认识。

---

① 赵国安. 基于 STEAM 理念的校外科学实验室机体群构建研究［J］. 远程教育杂志，2017（03）.

学科交融，有机结合

——例谈多学科知识在舞蹈教学中的应用

长沙市少年宫　张芳辉

摘　要： 舞蹈作为一种视觉、肢体艺术，在当前社会发展中起到重要作用。随着社会的进步，对舞蹈教学的研究也越来越多样化。通过多年来对少儿舞蹈教育的探究，笔者在实践过程中取得了良好的效果。文章通过研究多学科知识在舞蹈教学中的应用，阐述了在舞蹈教学过程中，通过交叉融合其他学科，以其他学科知识为载体，以使舞蹈教学功能不断提升，培养学生向多维目标发展，有利于激发学生的学习兴趣，提高舞蹈教学效果，全面提升学生的舞蹈素养。

关键词： 舞蹈教学；学科融合；数学；语文；自然科学

随着社会的不断进步，现代社会对人才素质的要求在发生变化，我国人才培养目标也随之调整。2014年教育部印发的《关于全面深化课程改革 落实立德树人根本任务的意见》提出，"人才培养模式改革不断深化，自主、合作、探究的学习方式与启发、讨论、参与的教学方式不断推广，育人的针对性、实效性进一步增强。要加强学科间的相互配合，发挥综合育人功能，不断提高学生综合运用知识解决实际问题的能力"[①]。舞蹈教育作为素质教育的重要组成部分，也在不断发展。2011—2013年，吕艺生院长带领团队完成了教育部下发的"素质教育与舞蹈美育研究"项目，提出"课例的开放式结构，不要把课例内容限制过死，与更多其他学科建立联系，使教学更鲜活，更富

---

① 中华人民共和国教育部. 关于全面深化课程改革 落实立德树人根本任务的意见［Z］.
　　2014 - 3 - 30.

创造活力"① 的理念。

2017 年至今，笔者有幸参与了长沙市教育科学研究院的重点规划课题"中小学校外教育教学用书开发与实施的研究"的工作，历时三年，结合长沙市少年宫舞蹈公益培训实际情况，整理编创出舞蹈中级班教学用书，其主要教学内容与其他学科关联紧密。在少儿舞蹈教学中，教师若充分挖掘和利用学科交融渗透点，交叉融合其他学科，以其他学科知识为载体，可以提高舞蹈教学效果，使舞蹈教学功能不断提升，激发学生学习舞蹈的浓厚兴趣，帮助学生更有效地扩展思维和开阔视野，培养学生向多维目标发展，全面提升学生的舞蹈素养。基于这一点，笔者对其他学科知识在少儿舞蹈教学中的渗透进行了思考和探讨。

一、舞蹈与数学——《神奇的"线"》

舞蹈课程是一门立足实践、注重创新的课程。"从舞蹈课的意义上说，要坚信舞蹈活动特别是创编活动是开启人创造性思维的一种好形式。因此，它决不停留在模仿上——虽然模仿是永远需要的，但要把创造作为最主要的目标。"

集体舞蹈作为最常见的舞蹈形式，由于人数众多，可以由多个"点"形成不同"线条"的变化，充分利用舞台空间，运用构图法的原则和基本形式进行舞蹈队形的构图。队形在集体舞蹈中相较于舞蹈动作，对作品影响更大，是群舞艺术形式美的重要因素。舞蹈队形编创过程中的常用要素正是来源于数学中最基础的"点""线""面"概念。教学用书中的综合实践活动——《神奇的"线"》正是启发学生将数学知识巧妙地运用于舞蹈队形编创学习中的成功案例。首先，数学中的"线"可分为直线和曲线。由此，即可引导学生联想到舞蹈中的"队形"，建构两种学科知识间的联系，增强对知识点的理解。其中，"直线"运用到舞蹈队形中可产生横线、竖线、斜线，"曲线"运用到舞蹈队形中可产生弧线、折线。通过设置"玩线"游戏来加深学生对"单线"的认知和感受。在完成"玩线"游戏后，则引导学生进入下一环

---

① 吕艺生. 素质教育舞蹈［M］. 上海：上海音乐出版社，2019.

节——组线。组线即是将"玩线"环节中的基础线条进行叠加、连接、交叉。在此环节中，将学生分组，营造轻松愉悦的氛围，给予充分的创新空间，即可衍生出其他队形，比如"十字形""八字形""尖形""三角形""方形""梯形""波浪形""圆形"等。在这一环节，学生们惊奇地发现这些队形中的大多数跟数学中的各种"形状"不谋而合，获得了很大的成就感。此环节的设置不断地让学生探知了解各种舞蹈队形，也进一步巩固了他们的数学知识点，实现了学生多样的学习体验和丰富的学习经历，再一次体现了学科间相互交融、有机结合的实效性。

二、舞蹈与语文——《咏鹅》

一说到《咏鹅》，大部分人首先想到的都是骆宾王笔下的那首五言古诗："鹅鹅鹅，曲项向天歌。白毛浮绿水，红掌拨清波。"这首诗往往是孩子学会的第一首古诗。《咏鹅》的内容通俗易懂，家长或老师对它也做了非常详尽、深入的阐述，这为学生学习舞蹈《咏鹅》奠定了良好的基础。笔者抓住这一点，在设计《咏鹅》教学导入的时候就直接发问："同学们，你们会背诵《咏鹅》这首古诗吗？"可想而知，问题一出，一下就抓住了学生的注意力，马上迎来了他们迫不及待、你争我抢的回答，课堂氛围瞬间活跃起来。接下来笔者抛出第二个问题："谁能从诗句中找到描述'鹅'的形容词和动词？"这一设问就是间接帮助学生捕捉"鹅"的形态和动态，从而准确地创造"鹅"的动作。诗句中的"曲""白毛""红掌"描述的是"鹅"的形态，"歌""浮""拨"描述的是"鹅"的动态。在此基础上，让学生根据这几个字词去想象、编创"鹅"的动作。学生反馈出来的动作大小、高低各不相同，运用的身体部位也不统一，甚是可爱。相比教师教授的统一版本，笔者觉得这样的"不统一"更显珍贵，更有童趣。接下来的环节，笔者给予每个学生展示和解说的机会，并对他们的动作进行调整。最后，合着轻快的音乐节奏，学生们俨然一只只活灵活现的"小鹅"，在教室这池"湖水"里自由舞动。有了目标就有了动力，在这一案例中，笔者就是很好地运用了语文学科中的知识点，让学生有了非常明确的目标，并且通过他们自己的想象和模仿，很好地达成了目标，并从中产生获得知识的喜悦感和成就感，实现自我价值；教师也享受其中，收获惊喜。师生共同在轻松活跃的氛围中达成了教学目标，教学效果良好。相信，通过这节课的学习，学生们又多了一种对《咏鹅》的诠释方式。

三、舞蹈与自然科学——《蝴蝶》

《蝴蝶》这一课的教学内容主要是舞蹈中的"波浪"，分为"小波浪"和"大波浪"。这一课中，先设问导入"毛毛虫的爬行动态"，引导学生利用自己的双手进行模仿，进而提炼出"小波浪"的知识点——重拍提腕，依次团手、压腕、展开。随后设问："毛毛虫长大后变成了什么？"这就结合到了自然科学。自然科学是研究自然界的物质形态、结构、性质和运动规律的科学。"毛毛虫蜕变成蝴蝶"这一自然现象在此课中能得到完美的体现，因为"蝴蝶"这一形象的导入可以帮助学生快速地捕捉到"大波浪"的"形"，为下一步的提炼规范奠定了良好的基础。这样，通过对"毛毛虫蜕变成蝴蝶"这一自然科学知识点的渗透，巧妙地将"小波浪"和"大波浪"串联起来，学生的舞蹈知识架构得以完整，在组合呈现中也有了情感依托，舞蹈展现得更加完美，从而顺利达成知识目标和能力目标。

"每一次蜕变都是一场等待，在等待中储蓄能量。毛毛虫其貌不扬，甚至有点丑，但是它依然不屈不挠，努力拼搏，不断磨炼自己，随着时间的沉淀，终于破茧而出，蜕变成美丽的花蝴蝶。毛毛虫等待破茧，蝴蝶等待花开，我等待你们绚烂绽放。"依托"毛毛虫蜕变成蝴蝶"这一自然现象，挖掘出其背后的德育意义，进而帮助学生塑造坚韧不拔的良好品德，明白"等待"的意义，达成德育目标和情感目标，与中国学生发展核心素养殊途同归。

学科融合是在承认学科差异的基础上，不断打破学科边界，促进学科间相互渗透、交叉的活动。学科融合既是学科发展的趋势，也是产生创新性成果的重要途径。进一步增强多学科交叉融合的意识，积极探索多学科交叉融合的有效途径，可以激发创新活力，促进多学科复合型人才的培养。当然，学科融合也对教师提出了新的要求，需要教师经常性地开展交叉学科的研究，具有多种学科知识背景的教师更容易将知识融会贯通，提高创新的意识。

如何在舞蹈教学中培养少儿的兴趣

长沙市少年宫　叶　卷

摘　要： 舞蹈作为一门艺术课程，其教学质量的提高并不是单一条件作用的结果。在表扬和鼓励中激发兴趣、在美的感染中增强兴趣、在多样化的课堂中培养兴趣是提高教学质量的重要方法。

关键词： 少儿；舞蹈教学；兴趣；积极性

我们总是说，学好一门专业除了靠教师课中的教导、家长的课后监督外，还要靠学生的自觉。但如何让活泼好动、缺乏自主学习意识的少儿自主地完成课后作业呢？兴趣是最好的老师，只有让少儿对自己所学的内容感兴趣，他们才会在课后自主学习。关于培养少儿舞蹈学习兴趣，笔者认为可以从以下几个方面入手。

一、通过表扬和鼓励激发兴趣

很多少儿在选择舞蹈时，都是由父母选择和决定的，因为大部分父母认为，学习舞蹈既能强身健体，又可以培养气质。但是大部分少儿不确定自己是否喜欢舞蹈，一般是父母要我学那就学、父母说好那就是好。但当他们真正进入舞蹈课堂后，才发现其实舞蹈学习是很枯燥的——压腿很痛，绷脚尖很累……这样的氛围让他们在学习中找不到自信，想要放弃，其实这是不利于他们成长的。

此时，教师的教学方法非常重要。教师在课堂上可以运用鼓励和表扬的方法，既能调动学生的学习积极性，也能提高他们的学习水平。笔者曾经有过一段这样的教学经历，在长沙市少年宫暑假公益培训舞蹈招生中，将没有舞蹈基础的学生都分在一个班。课堂中笔者总会对站在中间、表现好的学生点名表扬并让他们做示范，课后这些学生总是积极地发视频作业，而未受过表扬的学生有漏交作业的情况。到期末考试的时候，被点名表扬的学生自信满满，能准确地合好音乐、完成动作；而未受过表扬的学生总是偷瞄其他同学动作，节奏也慢半拍。在新学期的课堂中，笔者通过小细节特意点名表扬上一学期中未受过表扬的学生，这些学生非常开心，上课比之前认真了很多，动作也能自主完成。可见表扬和鼓励是可以激发学生学习兴趣的。

二、通过美的感染增强兴趣

舞蹈教育作为一种能提高受教育者的艺术鉴赏力和参与力的社会活动，充分显示着其独特的审美认识、审美教育、审美娱乐的功能和作用。[①] 历史证明，人努力按照美的规律改造客观世界，也努力按照美的规律塑造自己，舞蹈更是一门美中之美的人体动作艺术。而少儿舞蹈教学又承担着对学生美的教育，因此，在课堂上要让每个学生发现和感受舞蹈的美，从而调动其学习舞蹈的积极性，增强学习舞蹈的兴趣，进而创造美。

在课堂上进行舞蹈素质训练的时候，要把"美"字融入其中，而不是一味地追求学生的基本功。因此，在学生学习舞蹈的时候，为他们营造良好的氛围是非常重要的。每年寒暑假笔者都会给学生们布置一个作业：看舞蹈，写观后感。其实这其中的重点不是让学生写多少文字，而是让他们在欣赏舞蹈作品的过程中，去发现舞者的动作美、作品的形式美和意境美、队伍的结构美，在美的感染中提高学习舞蹈的兴趣和积极性。

三、通过多样化的课堂教学培养兴趣

（一）多媒体教学丰富课堂

一直以来舞蹈的教学形式都很单一，"口传身教"是舞蹈教学的传统方式，直到今天，它依旧是主流。舞蹈的训练，特别是基本功的训练是比较枯

---

① 夏璐璐. 小荧星儿童舞蹈基础教学指导［M］. 上海：上海音乐出版社，2013.

燥无味的，当学生出现厌烦的情绪时，教师该如何让课堂的教学变得多样化呢？随着科技的迅猛发展，多媒体教学运用越来越广泛，用它辅助舞蹈教学也是一种非常有效的教学方式。在课堂中，教师可以对学生练习的动作、完成的组合进行拍摄，通过多媒体设备在全班播放，让学生直观地发现自己动作的不足。在新课教学中，教师也可以利用多媒体课件，在生活中找出与所教主题相近的动物、人物、物品等，让学生更好地理解新动作的规律、特点。民间舞教学时，教师还可以通过多媒体播放民族生活习惯、生产劳动、服装服饰等视频，使学生更深入、更直观地了解民族特点，这样的教学方式比教师花费更多时间去详尽口头介绍更直接、更有效果。

（二）即兴表演趣化课堂

弗兰茨·卡夫卡曾经说过："四对舞曲的跳法是再清楚不过的，任何时代的舞者对此都了如指掌。但是人生往往会有一些明明不该却又偏巧发生的意外，使得你孤零零地站在舞蹈队伍之外。也许这样一来整个舞群都感到困惑，只是你不得而知，因为在你眼里只剩下自己的不幸。"此种"不幸"可以通过即兴表演来顺利度过。[①] 课堂中的即兴表演能培养学生的发散性思维，它最好的地方在于没有固定的答案，学生可以尽情发挥自己的想象力，享受课堂中的自由和乐趣。2018 年，笔者在新招的舞蹈启蒙班上开始了即兴舞蹈教学，在课堂的最后 20 分钟，给学生一个主题词，让他们自由发挥，运用肢体语言来阐述。最开始是比较简单的、众所周知的动物："猴子""老鼠""大象"等；然后是情境："下雨啦""摘树叶""接雪花"等；最后以故事情景形式，让学生将动作串联起来。这样的教学，既生动又有趣，学生的积极性也提高了很多。

如果学生的学习只靠外力来强迫命令，而没有内在的追求与动力，则很难持久。所以，调动学生内在的学习主动性是启发的首要问题。[②] 兴趣的培养

---

① 嘉德拉. 中小学创意舞蹈［M］. 孙瑜，译. 上海：上海音乐出版社，2016.
② 王道俊，郭文安. 教育学［M］. 北京：人民教育出版社，2009.

是调动学生学习主动性的第一步。舞蹈训练的成果不是一朝一夕就能获取的，它需要的是点点滴滴的积累。培养好学生学习舞蹈的兴趣，他们会以更大的热情投入其中，主动、认真地去学习，加上教师的教学以及家长的监督，他们定能在舞蹈这条路上越走越远。

如何塑造与表现儿童舞剧中的艺术形象

——以原创儿童小舞剧《猫的城》为例 *

长沙市少年宫 赵 檬

　　摘　要：艺术形象的塑造，一直是舞蹈作品成功与否的关键。同时，在现今许多儿童舞剧作品中，编导都执着于艺术形象的典型性和对儿童的教育意义。本文以原创儿童小舞剧《猫的城》为例，从艺术形象的概念、编创现状、意境、审美特征和教育意义等方面入手，进一步分析、阐述如何塑造与表现儿童舞剧中的艺术形象，找寻相关问题的解决方法。

　　关键词：艺术形象；儿童；舞剧；塑造与表现

一、儿童舞剧艺术形象的概念及现状

（一）艺术形象的定义

　　舞剧内在本体的主要组成部分是主题和人物情节。在创作舞剧时，首先需要确定主次矛盾，打造完整的艺术形象，建立合理的戏剧布局，并让舞蹈有更多表现空间。儿童舞剧的服务对象是儿童，需要贴合儿童独有的心理变化、情感的表达和对事物的思考方式。"儿童舞蹈是指由儿童表演或表演儿童生活的舞蹈，其特点就是充满了童真、童趣，形象直观，易于被儿童理解与接受。"[①]所以，艺术形象的塑造与表现在儿童舞剧的编创中处于关键地位，艺术形象的塑造成功与否决定着作品价值的高低。舞蹈的艺术形象是利用舞者的人体作为物质材料，以有节奏的动作和姿势，创建可感可知的形象。

　　＊　本文获 2019 年湖南省教师教育学会论文一等奖。

　　①　王玥. 儿童舞蹈如何编排得更有"儿童味"[J]. 影剧新作，2018（02）.

（二）儿童舞剧编创的现状

现如今，儿童舞剧炫技严重。与成人专业舞蹈不同，儿童舞剧重在培养儿童的想象力，而不是训练高难度专业动作。"一些舞蹈的编创明显具有专业舞蹈比赛的影子，这些舞蹈或难度较大，或表演技巧较多，这样就导致儿童需要大量的时间与精力投入到技巧学习上，这既违背了锻炼与发展的本意，更影响了孩子对舞蹈的理解与学习。"[①] 儿童舞蹈成人化问题严重，很重要的一个方面在于艺术形象的塑造与表现。许多作品中艺术形象难以契合儿童本身的特性，更加难以对儿童产生教育意义。舞剧作品"只见高原，不见高峰"，原因在于缺乏经典的艺术形象，忽略了艺术形象的塑造和表现。在某些传统模式的约束下，舞剧难以彻底展现戏剧情节背后的强烈心理和情感冲突，缺乏形象感和丰富感，使艺术形象缺乏典型性。

儿童舞蹈编舞应该站在儿童的角度，切实考虑到儿童的需求。这要求作者做好转型思维，学习童心思维的创作模式，学会用孩子的眼睛看世界。例如，鸟儿会唱歌、太阳伸懒腰、鱼在水中哭泣等题材，虽然这些题材没有合理性和逻辑性，但这是孩子的真实想法。通过结合这些主题，儿童通常更容易认同作品，增加了舞蹈的可行性。这方面比较成功的作品有《猫鼠之夜》，它打破常规理念，呈现出乎意料的童趣故事结局，将"猫"与"鼠"这两个艺术形象清晰地呈现出来。所以在创作儿童舞剧时，我们可以从舞剧中的艺术形象入手，着重刻画形象使其贴合儿童舞剧的生动童趣，但又不失背后的艺术思考。以儿童的独特视角切入，展现其他类别舞剧所难以表达的情感内涵、冲突矛盾。

二、把握儿童舞剧中艺术形象的意境创造——以原创儿童小舞剧 《猫的城》为例

儿童小舞剧《猫的城》以校园为背景，讲述了一个学生与猫的故事。在此剧的编创中，笔者尤为注意艺术形象的意境创造。

艺术形象的意境创造指的是舞蹈作品所构造的生活场景与表达的思想感

---

① 肖慧开. 儿童舞蹈编创中存在问题与优化措施探讨［J］. 戏剧之家，2017（22）.

情相融合而形成的艺术境界。"舞蹈意境中的'意'指的是舞蹈所表现的感情和思想，而'境'则指的是舞蹈所描绘的生活图景和客观环境。"① 舞蹈意境的创造，主要是通过情景交融，让观众进入充满想象的空间里，使之对作品产生审美享受。

舞蹈意境的结构层次为：景——情——形——象——境。"景"即舞蹈作品营造的外部环境与特定的时空背景，《猫的城》这一作品有众猫生活之景、放学路上之景、救猫回城之景等多个景的自然转化，也通过舞台布景与道具将景一步步呈现。舞剧《猫的城》中的主要道具纸箱子，通过其在舞台上的不同位置，构成不同的风景和图案，塑造特定的艺术形象，使舞蹈作品的主题得以升华。纸箱子是这个舞剧中最重要的道具。在布景上利用纸箱子堆成一个高 4 米的钟楼，正面画上白天的校园，反面画上夜晚的猫国城堡，用钟楼的变化来作为整个舞剧的时间引导和场景变化的象征。剩余的可活动道具纸箱，用来产生调度的变化及推动故事情节的发展，时而是一个垃圾站，时而成为小房子的造型。还有魔术棒、魔法箱和各种水果食物的摆设都在舞剧中起着不可或缺的作用。"情"即行为的内在驱动力与舞蹈的原动力。《猫的城》中布有多条情感线，交错于多个艺术形象中。无论是性格迥异的猫还是个性鲜明的学生，无不在抒发情感。"形"即人体的外部形态、舞蹈的动作与构图。"象"即舞蹈动态形象、以情感为核心的情感形象、具有审美价值的欣赏形象，舞剧中将"象"这一意境的结构层次着重塑造表现。"境"即"象"外之"象"，决定了舞剧的审美价值。

三、蕴含儿童舞剧中艺术形象的审美特征——以原创儿童小舞剧《猫的城》为例

（一）直观动态性在艺术形象塑造与表现中的应用

要想赋予艺术形象直观动态性，就要精心于艺术形象主题动作的编创。在动作组合中，我们必须要考虑艺术形象的背景，还要刻画艺术形象的性格

---

① 王雷. 论舞蹈作品的意境创作 [J]. 戏剧之家，2018（02）.

特征和内在心理。"可以说主题动作即人物的内心语言的物质外化,通过这几拍的动作可以使观众对该人物有直观的了解,对人物的性格起到直接的展现。"①

儿童小舞剧《猫的城》以多个艺术形象、多条脉络嵌肉于骨来活现故事。其艺术形象塑造没有拘泥在一条主线上,而是将脉络交织,更加贴近校园生活,并非单一的人物关系,具有直观动态性。

在舞剧序幕中,主角之一的小女孩善良美的塑造、受伤小猫天真美的塑造就已定义清晰。小女孩在她上学的路上发现了那只受伤的小猫,救猫心切。猫咪对陌生人突然的关心一开始是抗拒的,但随着小女孩的悉心照料,它感受到了小女孩对它的关爱,开始把小女孩当作"自己人",并把小女孩领进了猫的奇妙世界。

在第二幕中,众猫举办宴会时展现的一段主题动作,众猫手部动作模拟"猫爪",将双臂举过头顶进行旋转、小跳,踮着半脚尖等,都使观众对猫这一艺术形象可感可知。直观动态性在作品中体现得淋漓尽致,为作品增加了舞台效果。

(二)典型性在艺术形象塑造与表现中的应用

"人物形象的立体不仅要确立人物性格的特殊性,也在于体现时代所具有的普遍性。"② 将艺术形象塑造立体,才能使其具有典型性。如舞剧《杜甫》中对于杜甫的立体形象塑造:从纷繁杂乱的时代关系中剥离出一个尝尽人生百态的杜甫,将艺术形象与环境紧密结合,使其极具典型性。在舞剧的艺术形象塑造上,需要典型性,也需要如同《猫的城》中"学生"这一形象的多面性展现,这才是一个鲜活的艺术形象。舞剧中学生的艺术形象并非单一,前后有一定的转折,使之丰富形象。

在第一幕中,顽皮学生结伴出场,玩耍中意外发现了一只未藏好的小猫

① 侯芳滢. 浅析原创舞剧中人物形象的塑造 [D]. 北京:北京舞蹈学院,2018.
② 丁莉莉. 浅谈舞剧《杜甫——一个人笔下的唐朝》的形象塑造 [J]. 北京舞蹈学院学报,2018 (06).

咪，演员们小心翼翼俯身揭开箱子、手拉着手围成圆圈拦住小猫去路，这符合现实生活中孩子们的顽皮与好奇。动作节奏快，倒身、一系列托举和相互配合借力，演员们显露出恶作剧的表情，使得顽皮学生这一艺术形象具有典型性。

在第二幕中，两只小猫拿着小女孩的书包去求助顽皮学生，顽皮学生一斜排站立，上身前倾，抓耳挠腮地看着小猫表演小女孩被抓现场的双人舞，又将书包依次传递翻看，得知小女孩被抓后立马与两只小猫商量对策，肩并肩围圈、举起叉子、搬起石头、列好两路纵队，在小猫的带领下进入猫城向长老寻求帮助。最终顽皮学生和众猫合作救出了白猫（小女孩）。这展现了顽皮学生友好合作、重情重义、勇敢聪颖的一面，和第一幕中欺负小猫、淘气的一面形成对比，塑造出立体典型的艺术形象。

（三）情感性在艺术形象塑造与表现中的应用

"儿童舞剧中艺术形象运用身体语言，带入儿童内心的世界，表达其丰富的思想情感，传递'真善美'的审美追求，使儿童舞剧具有很强的情感性。"[①]

在第三幕中，坏猫一出现就有一段角色定位的舞蹈动作，他在猫群中挑选自己心仪的猫，最后发现了小女孩。坏猫的两个手下哄开众猫，留下中间的小女孩。坏猫喜欢小女孩，但是小女孩害怕，并且拒绝和坏猫交流。于是坏猫决定将小女孩变成一只猫，这样就可以和小女孩在一起。坏猫命令两个手下拿出魔术箱和魔法棒准备施展魔法。小女孩很害怕，与坏猫产生了争执，最后被坏猫塞进了魔术箱。坏猫舞动魔法棒的同时，两个手下在旁边配合施法。故事由此发生转折。但坏猫的艺术形象塑造并不是简单的丑化对立面，而是循序渐进揭示着角色心理变化层次，推动情节的发展，使故事内容饱满。坏猫施魔法将小女孩变为白猫，小女孩出来之后惊恐于自己变成了猫，不能接受这个事实。白猫逃走未果，坏猫将白猫用绳子绑住看押起来。这一系列举动都将坏猫形象逐渐加深，反面艺术形象也通过层层揭示而鲜明塑成。

其中坏猫对小女孩的爱慕之心与占有之心，小女孩害怕抗拒的情绪——两个主角之间的情感塑造显得丰富细腻。一系列情感的变化赋予艺术形象情

---

① 孟凡翠. 试论儿童舞蹈的审美特性 [J]. 戏剧之家，2017（04）.

感性。

（四）审美性在艺术形象塑造与表现中的应用

"塑造具有审美性的艺术形象，要从现代审美的角度切入，在实践中探索研究论题，从而归纳出真实的感悟是舞剧编创的初衷所在。"① 艺术形象要具备审美性，就要使观众感受到形体的、动作的、节奏的、情调的美。儿童小舞剧《猫的城》从服装上说，每只猫的服装都各具特色，为其艺术形象的不同性格量身定做；从音乐、节奏到剧情，再加上精心的安排和动作设计上的跌宕起伏，以及其中不失儿童舞剧趣味性的情调布局，使艺术形象极具审美性。

如若要使舞剧中的艺术形象达到共性与个性的统一、形式与内容的统一、主体与客体的统一，必要下功夫。"人物形象共性与个性高度统一，是编导在舞剧中个性化塑造人物形象的方法与最终对呈现出的人物的要求。""首先，要塑造出鲜活的人物形象，就必须要从实践开始，要从思维上树立创新的意识，开启舞蹈者的原动力。"② 舞者对猫的动作模仿和对学生的生活形态演绎，都是来源于真实生活，让人仿佛身临其境，具有非常强的生活气息。"其次，故事情节的编排毋庸置疑是铺垫、塑造出鲜活人物性格的重要方法。"舞剧中的众猫使人物关系串联起来，各具特色、性格鲜明：有年迈位尊的长老，有灵巧淘气的可爱猫，有机智勇敢的小猫，有绅士礼貌的爵士猫等。这些角色为舞剧埋下一个又一个伏笔。《猫的城》这一舞剧重要艺术形象的细节被雕刻得很清晰。

四、注重儿童舞剧中艺术形象的教育意义

"舞蹈是通过肢体语言展现大自然中各种事物的过程，儿童舞剧的作用是通过肢体语言表达各种事物，向儿童展现其深刻内涵，并加速儿童对世界的认知速度。"③ 通过儿童舞剧，让孩子对善良和邪恶的人进行正确的认知，这

① 周宇. 论小型舞剧《树》中人物形象的个性化塑造 [D]. 北京：北京舞蹈学院，2018.
② 高雅瑞. 浅析在舞蹈作品中人物形象的塑造 [J]. 北方音乐，2018（10）.
③ 廖宁. 少儿舞蹈的创作及发展分析 [J]. 艺术评鉴，2018（05）.

种创作才能实现其真正的价值。

《猫的城》是一部教育题材的儿童小舞剧，它不仅展现了丰富多彩的猫咪世界，还将猫拟人化，通过观察生活中猫的不同动作形态，塑造出舞台中不同性格、不同身份的猫的艺术形象。以"猫"和学生为主要形象描绘简单的生活场景，营造出人与动物和谐相处的友好氛围，以小见大，呼吁人类文明对待自然。孩子们喜欢充满魔幻的东西，舞剧便是在真实的大背景下加入一些奇幻的故事所创造出来的。舞剧《猫的城》通过生动形象的艺术描绘，把猫拟人化，让孩子们发挥自己的理解力与想象力；从拟人化的猫身上，孩子们可以看到现代人的缩影，学会宽以待人、以美接物，从幽默的艺术形象中引发对社会生活的思考。

在尾声中，所有的艺术形象都展现美好的一面，通过学生与众猫的共同努力，让坏猫知错就改，将白猫变回小女孩，善良的小女孩也原谅了坏猫，还原了一个猫与人类和谐相处的童话世界。一切一如往常，平静的校园里多了分其乐融融的氛围。

儿童舞剧以美的艺术形象，传递了人们对于"真善美"的追求。"真"即儿童舞剧的基石，"善"即儿童舞剧在情感上的归属，"美"即"真"与"善"的最终载体，人们从美的艺术形象中接受美的教育，引起情感上的共鸣，最终达到"真善美"的统一。儿童舞剧总是希望把一些美好的东西带给孩子们，告诉他们应该做爱护动物、保护自然环境的孩子。这种强大的号召力和影响力会影响观众的思想和情绪，往往成为培养正确的"三观"的主要力量。儿童舞剧运用以小见大的手法来传递正能量，使观众受到真、善、美的熏陶和感染，在潜移默化中，其思想、感情、理想和追求发生着深刻的变化，从而正确地理解和认识生活，树立正确的世界观、人生观和价值观。

编创儿童舞剧与"儿童"这个词密不可分。在考虑舞剧这一艺术形式时，我们还必须考虑儿童的年龄特征和身心特点，这样编创出的作品才是有儿童味的。"在创作儿童舞蹈的过程中，我们还需要尊重儿童的个体差异，理解差异，表达差异，使儿童能更真实更自然地表达儿童舞蹈作品。"

　　"舞蹈创作中的形象塑造是编舞的思维前提，它关乎着主题表达和审美观念的方向。"舞剧创作的主要任务是将"戏"变成"舞"，将生活、人物和故事转化为合理的舞蹈艺术形象。编导的首要任务是完善戏剧情节，找创作核心，再掌握情节线索，发展出故事线，并清晰显示艺术形象的特征，最后生成舞剧的主要内容。但在实际情况中，一些舞剧为了追求创新性与形式感，脱离真实内容和典型环境，任意地对艺术形象的行为和性格进行塑造，盲目追求舞台效果和可舞性，这将会导致舞剧的现实意义和艺术风格流失。舞剧通常通过艺术形象在编导、演员和观众三者间进行思想交流和情感共鸣而起作用。正如黑格尔所说：艺术就是一种塑造形象的东西，它首先要塑造形象，然后才可能言及其他。

开放式运动技能教学对小学生乒乓球学习兴趣的影响

长沙市少年宫　胡颖佳

摘　要：基于开放式运动技能学习理论，本研究探讨了开放式运动技能教学模式对小学生乒乓球学习兴趣的影响。本教学实验对两个四年级班级学生的乒乓球学习兴趣进行了对比与观察，结果发现，尽管传统的教学模式与开放式运动技能教学模式均可以显著提高小学生的乒乓球学习兴趣，但开放式运动技能教学模式对学生学习兴趣和未来学习意向的提升效果更加明显。上述结果提示我们，在乒乓球课程的教学过程中，应充分认识和尊重乒乓球运动的特征与规律，应体现以学生为主体的体育教育理念，多采用开放式运动技能教学方法，以增强学生对乒乓球的体感认知，提高学习兴趣，学习态度从"要我学"转变为"我要学"，进而为促进终身体育奠定基础。

关键词：开放式运动技能教学；小学生；乒乓球；学习兴趣

一、开放式运动的内涵

运动分为开放式运动和封闭式运动。[①] 开放式运动指在复杂的、不可预测的情境中完成运动技能的运动项目，参与者在做动作之前，不能事先决定下一个动作要怎么做，而必须根据当时的突发性外来刺激决定下一个动作。篮球、排球、足球、羽毛球、乒乓球、网球等均为开放性运动。封闭式运动指按照固定的程序和步骤完成一系列身体动作的运动项目，参与者在做动作之前就已经知道下一个动作应怎么去做，只需要完整、规范、流畅地根据流程把所有动作完成即可，并不需要根据外在刺激进行调节。跳水、体操、武术、

---

① Wang，Jin. Key Principles of Open Motor-skill Training for Peak Performance ［J］. Journal of Physical Education Recreation & Dance，2016，87（8）.

花样滑冰等均属于封闭式运动。①

二、开放式运动技能教学在不同运动项目中的应用

过往研究中，体育教育研究者对不同运动项目的开放式教学进行了深入的探讨与分析。桑普等早在1982年就开始在球类运动教学中设计了"领会教学法"，并对教学效果进行了检验。他们把运动项目的本质特征作为教学重点，技术动作的学习则被放在次要的地位，② 教学重点从强调动作技术的学习，转移到发展学生的认知能力、瞬时判断决策能力、综合运用能力及兴趣的培养上，这一研究开创了开放式运动技能教学的先河。近年来，国内研究者也在各个运动项目中展开了开放式运动技能教学模式的教改研究。柴娇③④、于金波⑤、陈立春⑥、邓桥利⑦等人，将开放式运动技能教学原理分别应用于篮球、足球、羽毛球、网球等运动项目的教学中，并达成了较为一致的认识。整体上认为，开放性运动技能的教学中应以整体的视角审视技能学习，重视学生的身体认知，激发学生的学习兴趣、主动性与创造性。实证数据也表明，基于开放式运动技能学习原理而设计的教学对学生掌握运动技能的程度显著高于封闭式运动技能逻辑主导下的传统教学模式，同时对提高学生的课程兴趣效果十分显著。梳理文献发现，从开放式运动技能视角

---

① 石岩，王冰. 开放式运动技能学习之道——王晋教授访谈录 [J]. 体育学刊，2014（03）.

② Shane Pill. Teacher engagement with teaching games for understanding-game sense in physical education [J]. Journal of Physical Education & Sport，2011，11（2）.

③ 柴娇，何劲鹏，姜立嘉. 开放式运动技能学习原理及其在篮球教学中的应用 [J]. 体育学刊，2010（09）.

④ 柴娇，杨卓，任海雷. 网球正手击球运动技能评价指标、标准及其实证研究 [J]. 西安体育学院学报，2013（02）.

⑤ 于金波，崔军涛，于燕军. 开放式运动技能的观察学习与指导策略分析——以篮球双手胸前传接球为例 [J]. 中国学校体育，2015（01）.

⑥ 陈立春. "校园足球"传球教学风险防控路径研究——基于开放式运动技能的传球教学实证分析 [J]. 运动，2016（11）.

⑦ 邓桥利. 开放式运动技能学习原理对体育学院羽毛球专项班技术教学效果的研究 [D]. 扬州：扬州大学，2014.

下针对乒乓球的教学研究目前仅能找到一篇文献，[①] 该文仅仅只通过开放性运动技能的原理对大学生乒乓球教学的应然进行了简要的分析，缺乏进一步的深入实证分析与探讨。

三、封闭式运动教学逻辑下传统乒乓球教学模式存在的弊端

长期以来，传统的乒乓球教学中主要沿用传统的封闭式运动教学逻辑对学生展开教学，认为只有先学会挥拍及脚步技术，才能打好乒乓球。这种教学逻辑能够有效地帮助学生学习和巩固乒乓球的基本技术动作，但也存在弊端。乒乓球是开放性运动，先学技术动作再打球的封闭式运动技能教学模式，容易使学生只会机械化地模仿动作，并陷入会动作不会打球或打不到球的尴尬境地。同时，单调、枯燥的示范讲解教学不仅压抑了学生学习乒乓球运动的兴趣，也束缚了学生主动学习和独立思考能力的培养。先挥拍后打球的教学顺序延迟了学生对球感的熟悉，阻滞了学生对乒乓球运动的理解。开放式运动技能的教学原理并不否认运动技术学习的重要性，而是强调运动技能教学应针对不同运动类型的特点，教学手段与教学程序应适应不同运动项目的特征，以促进学生的学习兴趣，提升教学效果。

四、开放式运动技能教学在乒乓球课堂中的实践案例

（一）案例设计

小学生是一个特殊的群体，兴趣在培养小学生勤学、好学等良好学习习惯的过程中扮演着重要的角色，因此也有了"兴趣是最好的老师"这一共识。在乒乓球教学中，可以将击球练习置于技术动作学习之前，该教学模式符合开放性运动技能教学与乒乓球运动的特征，有助于降低教学过程中的枯燥与乏味，更符合小学生的身心特征，有利于提高其学习乒乓球的兴趣。为了更好地探析开放式运动技能教学对小学生乒乓球学习兴趣的影响，本研究通过 6 个课时的教学，对两个四年级班级的学生采取区别式教学，其中对对照组班

---

① 王搏. 在普通高校乒乓球教学中构建开放式教学模式的途径研究 ［J］. 电大理工，2017（02）.

采用传统教学模式进行教学，教学设计如表1所示；对实验组班的教学设计借鉴了前人研究中的一些思路，突出了运动项目的开放式特征，调整了击球练习与动作技能学习的顺序及所占的时间比例，进一步体现了学生的主体地位（表2）。在教学实验开始前采用"我对乒乓球的喜爱程度"的问卷调查让学生进行评分，选项设置为：1. 非常厌恶；2. 比较厌恶；3. 没有感觉；4. 比较喜欢；5. 非常喜欢。教学实验结束后，两组同学也需完成该问卷的测试，并加测问题"我今后是否仍想继续学习乒乓球"，选项设置为：1. 不愿意；2. 有点不愿意；3. 不知道；4. 有点愿意；5. 非常愿意。

表1　对照组教学设计

课时	课程安排	教学内容
1	反手推球	1. 热身
		2. 教师示范、讲解技术要领
		3. 学生模仿
		4. 教师纠错
		5. 挥拍练习
		6. 反手推球练习
2	正手攻球	1. 热身
		2. 教师示范、讲解技术要领
		3. 学生模仿
		4. 教师纠错
		5. 挥拍练习
		6. 正手攻球练习
3	发球	1. 热身
		2. 教师示范、讲解技术要领
		3. 学生模仿
		4. 教师纠错
		5. 挥拍练习
		6. 发球练习

续表

课时	课程安排	教学内容
4	搓球	1. 热身
		2. 教师示范、讲解技术要领
		3. 学生模仿
		4. 教师纠错
		5. 挥拍练习
		6. 击球练习
5	左推右攻	1. 热身
		2. 教师示范、讲解技术要领
		3. 学生模仿
		4. 教师纠错
		5. 挥拍练习
		6. 发球练习
6	比赛	1. 热身
		2. 教师讲解简易比赛规则
		3. 学生进行比赛

表 2   实验组教学设计

课时	课程安排	教学内容
1	球感练习与比赛	1. 原地及移动颠球练习
		2. 对墙颠球练习
		3. 桌上对挑练习
		4. 趣味乒乓球比赛
2	反手推球	1. 教师简单讲解示范、学生跟随模仿
		2. 学生进行反手推球练习
		3. 学生再次跟教师进行挥拍练习
		4. 学生再次进行反手推球练习
		5. 反手推球比赛

课时	课程安排	教学内容
3	正手攻球	1. 教师简单讲解示范、学生跟随模仿
		2. 学生进行正手攻球练习
		3. 学生再次跟教师进行挥拍练习
		4. 学生再次进行正手攻球练习
		5. 正手攻球比赛
4	搓球	1. 教师简单讲解示范、学生跟随模仿
		2. 学生进行搓球练习
		3. 学生再次跟教师进行挥拍练习
		4. 学生再次进行搓球练习
		5. 搓球比赛
5	左推右攻	1. 教师简单讲解示范、学生跟随模仿
		2. 学生进行左推右攻练习
		3. 学生再次跟教师进行挥拍练习
		4. 学生再次进行左推右攻练习
		5. 比赛
6	比赛	1. 学生自由搭档，自由练习
		2. 教师讲解规范的简易比赛规则
		3. 学生进行比赛

（二）教学成果对比

课程开始前，将实验组班与对照组班学生对乒乓球学习的兴趣进行比较，结果发现，实验组班的乒乓球学习兴趣得分均值为 3.51，对照组班乒乓球学习兴趣得分为 3.45，尽管实验组班略高于对照组，但二者间的差异甚小，可以忽略不计。

课程结束后，再次将实验组班与对照组班学生对乒乓球学习的兴趣进行比较，结果发现，实验组班的乒乓球学习兴趣得分均值为 4.52，对照组班乒乓球学习兴趣得分为 4.17。两班学生在完成课程后，其对乒乓球学习的兴趣均获得显著提高，同时，实验组班乒乓球学习兴趣得分明显高于对照组班。

将各班实验前后学习兴趣的差值进行对比，实验组班学习兴趣提升值为1.01，对照组班学习兴趣提升值为0.72，实验组班乒乓球学习兴趣增幅为对照组班的1.4倍。对未来继续学习乒乓球的意愿，实验组班得分均值为4.38，对照组班为3.96，采用开放式运动技能教学的班级学生意愿更高。

同时，本研究观察两个班学生的课堂表现发现，对照组班的学生在课堂的不同阶段有不同的表现：在技能学习挥拍阶段，学生学习的兴致不高，但仍然可以根据教师的要求与节奏进行学习；进入击球阶段后，通过观察身体活跃程度、面部表情与出汗量，可知对照组班学生的学习热情与兴致被充分调动起来。实验组班学生在课堂不同阶段的表现较为一致：由于开放式教学在一开始就让学生进入打球阶段，实验组班学生的学习热情与兴致能够极快地被调动起来；打球结束进入动作技能学习阶段后，通过观察面部表情，实验组班的学生在该阶段的学习投入与认真程度非常高，并且在随后的练习中及下课后会主动向教师提问请教。课后访谈发现，对照组班学生表示在技能学习阶段，由于缺乏对这项技术的了解，他们只是被动地跟着教师学习，然后尽量运用教师所传授的技术进行练习；而实验组班的学生认为把击球练习放在技能学习之前，对理解技术的帮助很大，同时也有助于他们主动思考如何运用技术和主动调整技术。通过个案观察可知，开放式技能教学对激发学生学习兴趣、开启学生自主探索性学习热情的效果更好。

五、结论

基于开放式运动技能学习理论，本研究探讨了开放式运动技能教学模式对小学生乒乓球学习兴趣的影响。在前人研究的基础上，本研究设计了开放式运动技能学习的教学课程，并通过教学实验探讨了该教学模式对小学生乒乓球学习兴趣的作用。结果发现，尽管传统的教学模式与开放式运动技能教学模式均可以显著提高小学生的乒乓球学习兴趣，但开放式运动技能教学模式的提升效果更加明显，为传统教学模式的1.4倍，同时对促进小学生学习意愿的效果更佳。该结果提示我们，在乒乓球课程的教学过程中，应充分认识和尊重乒乓球运动的特征与规律，应体现以学生为主体的体育教育理念，多采用开放式运动技能教学方法，以增强学生对乒乓球的体感认知，提高学习兴趣，使学生的学习态度从"要我学"转变为"我要学"，达到乐动、能动、想动的教学目标，进而为促进终身体育奠定基础。

校外教育中小学阮乐教学用书编写中存在的问题及探究

长沙市少年宫　　胡玲好

摘　　要：近年来，全社会对传统乐器的重视程度逐渐提升，阮作为中华传统乐器，具有独特魅力，但阮乐的教学用书相对于其他传统乐器还是十分匮乏。笔者根据多年阮乐教学实践及自编教学用书的经历，认为阮乐教学用书之所以匮乏，是因为可借鉴的传统教学用书形式单一，可供引用的历史参考资料稀少，采用传统教学用书导致教学形式单一等。在编写教学用书时教师一定要注重冲破传统教学用书编写局限，注重培养学生音乐素养，重视开展阮乐实践活动。

关键词：阮；教学用书编写

一、阮乐教学用书编写中存在的问题

（一）传统教学用书形式单一

目前大多数市面上可借鉴的阮乐教学用书排版陈旧、色彩单一、缺少图片。教学用书的编写者很少思考教学用书的美感对引起学生兴趣的重要性，大多数教学用书的内容编写也是以知识点加乐曲和练习曲的形式呈现，学生通常很难对这种陈旧老套的学习模式产生兴趣。

（二）可供引用的历史参考资料稀少

阮的起源说法不一，据汉代至魏晋时期的文史资料所载，阮是中国独创的一种圆体、直项、四弦、12柱（品）的乐器。起源约为公元前217年至公元前105年，汉时称为秦琵琶或秦汉子。据史可考的阮族乐器资料大部分已经流失，在编写教学用书中，能引用的历史资料十分有限。市面上阮类相关教学用书又有限，教学用书编辑过程中若引用不当，还容易引起侵犯知识产权的问题。

(三) 传统教学用书导致教学形式单一

市面上大多数教学用书,仍然采取传统的编写观念,换汤不换药。有些教师在教学中照本宣科。其实,乐器类的教学是一个通过实践演奏进行学习的过程,教师不能完全照搬教学用书的教授方式,需根据学生实际情况及时作出调整,在授课过程中需同时结合自身教学特点、学生接受方式等情况开展教学。只有具备灵活性、创造性的教师自编教学用书才能使学生享受到优质的教学内容,而这种方式也更有利于学生的学习和成长。[①]

二、阮乐教学用书编写的探究与实践

(一) 冲破传统教学用书编写局限

此次笔者在针对阮乐教学用书排版陈旧、色彩单调、缺少图片的问题上做了大的突破,新编教学用书使用彩色印刷,加入了大量图片,以增加学生学习的趣味性,学生在阅读时不会感到枯燥。阮乐教学用书普遍都是按照乐曲和练习曲穿插着编写的,因为很多教师认为,学生将基础知识学习好、把谱面知识弹奏好,就能培养学生的演奏能力。但实际并非如此,阮乐和其他乐器是有所不同的,除了独奏形式以外,更讲究重奏能力,所以协同合作的能力是非常重要的。重奏比独奏更能培养学生的听感,使学生在弹奏的时候还能学会去听;同时阮乐对节奏的要求也是非常严格的,一旦有一位学生的节奏出了差错,可能整个演奏就无法产生美妙的音乐了。所以在编写阮乐教程时,笔者在编写基础知识的同时,还添加了一些重奏知识和重奏乐谱,例如《雪绒花》和《月光变奏曲》,以期能够培养学生多元化的能力。

(二) 丰富阮乐教学用书相关内容,注重培养学生音乐素养

鉴于在教学用书编写过程中阮乐历史参考资料稀少和相关教学用书有限的现状,笔者在编写教学用书中会适当减少历史参考资料的侧重,增加乐理知识如节奏节拍的原理和使用方法。通常大多数学生只知道一味模仿教师的

---

① 龙亚军. 音乐心育艺术 [M]. 长沙:湖南人民出版社,2005:05.

演奏，并不知道其节拍节奏的原理，通过学习音乐的节拍节奏原理可以提高学生的视奏能力，提升学生音乐的综合素养，辅助学生更好地学习音乐。

（三）重视开展阮音乐实践活动

传统阮乐教学用书存在偏重理论的问题，其实阮乐教学用书也需要理论与实践相结合，笔者在编写教学用书的最后一章中，设计了两次实践活动，分别为"阮心独韵"班级音乐会和"丝丝琴韵"阮乐大赛，可以让学生们获得一些演奏经验，同时也可以将教师的编写亮点放在学生实践活动的设计上，使阮乐更有生命力。

三、结语

综上所述，阮乐教学用书编写要根据时代的要求进行，规避某些可能引起争议的话题，补充教学内容，力求实现对现有教学体系的大胆革新，能够始终把握时代需求，开展相应的教学活动。[1] 阮乐教学用书编写要考虑授课对象的思维特点和现实需求，努力从各方面吸引学生的学习兴趣，帮助学生掌握更多乐理知识，从而提升音乐综合素养，同时尽量为学生创造表演机会，提升他们的舞台实践经验和自信心。

---

[1]　吴跃跃. 新版音乐教学论 [M]. 长沙：湖南文艺出版社，2006：02.

浅谈钢琴教学中学生自主学习能力的培养

长沙市少年宫　陈　璐

摘　要： 在钢琴教学中，引导学生从被动学转变成主动学，将学生放在主体地位，充分挖掘和发挥学生在学习中的自主性，培养学生的独立思考意识，只有具备良好学习习惯和学习思维，才能真正学好钢琴。

关键词： 练习；钢琴教学；自主学习能力

一、培养学生自主学习能力的重要性

（一）自主学习能力的表现

对学习钢琴的学生来说，自主学习能力从学习初期就表现在主动识谱和唱谱、认真学习探索演奏技能、积极主动翻阅音乐家资料、了解曲目背景等方面，然后再结合自己对曲目的理解，将其融合到演奏中去，形成自己的演奏风格。学生具备了这些能力，就能够充分发挥自己的聪明才智，演奏好钢琴。

（二）自主学习能力的重要性

古人有云："授人以鱼，不如授之以渔。""鱼"是学生对曲目的模仿演奏，"渔"则是学生对曲目的独立认知和演奏方法等。演奏者仅仅学会弹曲目，却不知晓曲目作者在创作时的时代背景和生活情境，也不知道如何去分析演奏技巧，是难以真正体验到演奏的乐趣的。

作为一名钢琴教师，笔者早些年每讲一个新的知识点或者演奏技巧，都会想着用最简单的教学方法让学生快速地理解并运用到演奏中。启蒙阶段的学生一般模仿能力都很好，这一阶段的教学，只需要教师示范、学生模仿，就能够取得较好的效果，这对教师而言既方便又快捷还省心。但是这种授人以"鱼"的教学方式，无形中破坏了学生的音乐创造天赋，也缺乏对学生独立学习与分析作品的能力的培养，容易导致学生依葫芦画瓢，没有自己对作品的理解与表达。只培养学生掌握弹奏技能，却忽略了学生的独立分析能力、音乐鉴赏力及自主探索学习新知识的能力，这样就违背了素质教育的初衷，学生也会因此失去通过自主学习而慢慢达到成功的快乐。因此，在钢琴教学中培养学生自主学习能力非常重要。

二、如何培养学生的自主学习能力

笔者现就职的长沙市少年宫，实施的是免费公益培训。钢琴课程是六人一组的小集体课，学生在这里可以免费学习两年。大部分学生选择学习钢琴课程是因为兴趣，但是他们的兴趣不一定会持续很久，低龄阶段的学生更是如此。那么怎样将学生的兴趣渐渐转化为持续的自主学习能力呢？笔者经过多年教学，摸索出了一些方法。

（一）激励学生的上进心，使之养成主动学习的习惯

激励学生主动、自信地参与和音乐相关的各项活动。不能在一方面发挥特长者，必然能在其他方面找出他的优势，这对激发潜能、调动信心、增益长久的学习动能很有帮助。比如在教学过程中，笔者会通过每个星期的作业检查，让表现好的或者进步明显的学生当领奏小队长，或是每两个人一组，互相当对方的小老师等，这样便满足了学生自我表现的需要，增强了他们的自信心，使其学习兴趣更加浓厚。

（二）注重学生自我探索发展能力，多听取学生的想法

在平时和家长的沟通中，笔者会强调，不要过于着急焦虑，要给学生留一些说话的时间和机会，让他充分地表达自己对音乐的感觉、对学琴的感受、期待什么样的教法等，善于倾听才能更好地解决问题。逼迫终究不是最好的办法，引导才是治理的上策。[①] 每个学生都有各自的性格、学习习惯和方法等，笔者在日常的生活和工作中会下意识地和学生及其家长多沟通，商量讨论并最终选定合适的方法来因材施教。尽管每个学生学习的速度不一样，但

---

① 吴燕，谢晓英. 少儿钢琴艺术教学十论［M］. 太原：山西人民出版社，2012.

一旦养成了良好的学习习惯和一定的自主学习能力，他们都会按照各自的步伐稳步前进。

（三）在教学过程中设置适量的疑问，让学生来思考解决

通过设置疑问可以有效提升学生兴趣，促使学生积极思考。在学生遇到困难和疑惑时，先由学生自己提出用何种训练方式来练习，或是在音乐的处理上，不是单纯地去要求学生做强弱对比，而是通过一定的引导，去启发学生发挥艺术想象力，让学生去感受那里需要有力度上的变化对比，激发学生的创造性。[①] 最后再通过教师的一个眼神或者一个动作的指引，给学生相应的帮助，让学生的思维得到拓展，从而产生小小的幸福感和满足感，这也是培养学生自主学习的动力。

（四）引导学生表现美、创造美，大胆创新，独立思考

在学习的中后期阶段，首先引导学生依据自己对曲目的理解来训练和演奏，然后再让学生对自己的演奏进行讲述和分析。通过这些环节，把学习从"要我学"转变成"我要学"，让学生的学习主体性得到发挥，主动学习的地位得到体现。最后再由教师进行一定的指导，使学生获得更多的知识，从而达到钢琴课堂所要求的教学目标。

三、结语

在现代钢琴教学中，学生自主学习能力的培养是教学中最为重要的目标。虽然在实际教学过程中会遇到诸多问题，但是通过教师在日常教学中不断探索和总结，加上学生自身的不断努力，学生的自主学习能力将获得提升，这也是钢琴教育发展实现质的飞跃的关键要素。

---

① 樊禾心. 钢琴教学论［M］. 上海：上海音乐出版社，2007.

校外教育小学声乐课的实践与思考

长沙市少年宫　周雅洁

摘　要： 校外教育小学声乐课，应该立足于声乐课的特点，重点培养学生的审美能力、表现美的能力和创造美的能力。提高学生的音乐素养，校外教育小学声乐课应该围绕这一初心进行，从校外教育对学生的促进作用出发，通过适宜的培训与指导，提高校外教育小学声乐课的效率。

关键词： 小学；声乐课；校外教育；效率

校外教育是指利用课余时间对九年制义务教育的中小学生进行的各种有目的、有计划、有组织的教育活动。小学声乐课是指根据少儿的生理、心理特点，结合气息运用、发声技巧等，培养小学生歌唱表现力、情感表达及内在音乐气质的教学实践课程。从学生及其身心特点出发，结合校外教育，开展小学声乐课，不断提高教育教学效果。

一、校外教育中声乐课的实践方法

（一）将声乐课与思想教育相结合

音乐教育作为素质教育的重要内容和实施美育的重要途径，必须遵循艺术性和思想性统一的原则。在校外教育的声乐课中，除了要重点突出学生艺术方面的培养之外，还应该与思想教育相结合。校外声乐培训不仅要体现音乐的美感和艺术价值，还要为学生思想品德的健康发展提供丰富的精神营养。

（二）坚持普及与提高相结合

声乐专业应该突出重点，实现校外教育与校内音乐教育的有效衔接，坚持普及与提高相结合的原则，使校外声乐培训持久地开展下去。不论参加培训的学生的专业程度和学习能力如何，都要保护他们的学习热情和学习主动性，使其认识到校外教育的意义和作用，从而积极地参加声乐培训。详细了解每一位学生的情况，根据其年龄、音乐素养和嗓音条件的不同，去设计声乐课的教学目标、教学内容、授课形式等。同时，教师应精心组织，针对不同基础的学生实施专业指导，在课堂上采用多种教学形式，让学生的艺术素养得到提升，歌唱能力得到提高。

（三）有目的、有计划地组织声乐培训

声乐专业应该以校内音乐课为基础，围绕着一定的计划进行。学生通过学校的音乐课已掌握了丰富的基础知识，例如识谱、节奏、发声方法等，而校外声乐课会进行教学深度和广度的延展，不仅能提高学生的理论水平，同时也会提高学生的技能技巧。培训内容不应是课堂内容的重复，它的取材应该源于教材、高于教材、贴近生活，它的作用应该是校内音乐课的延伸与补充。

二、将校外艺术培训与校内音乐教育有机地结合起来

（一）形成互补、互助、互促的音乐教育环境

校内音乐教育的优点有：统一的教学计划、统一的教学大纲、统一的教材，内容安排科学，教学进度合理。这大大提高了教学的组织性和科学性。但它难以顾及每一位学生的差异，从而难以做到因材施教。校外艺术培训更加注重技能的培养，针对每一位学生的特点开展教学。但因为没有统一的教材而导致学生缺乏系统的训练，尤其是少儿声乐教学一直没有形成一套很完整的教学体系。理想的音乐教育环境应该是校内音乐教育与校外艺术培训两种教育方式的互补、互助、互促。① 就目前我国校内音乐教育和校外艺术培训的现状来看，这种良好的关系还没有真正建立起来。

（二）共同搭建声乐特长展示舞台

校外艺术培训应结合校内音乐教育适当增设一些集体培训和实践活动。如视唱练耳、合唱、专业汇报表演等，有利于艺术教育的普及和发展。校内音乐教育应创设多元平台，利用每一个教育契机，为学生搭建锻炼和展示的

---

① 黎娟. 小学音乐活动课程资源开发研究［D］. 长沙：湖南大学，2017.

平台，提高学生的艺术素养，让他们在舞台上大放光芒，从而获得成功的体验。这样做一方面能使这些学生坚持对艺术特长的追求，另一方面还能够激励其他学生。

声乐提高班学生何书彦在长沙市少年宫参加声乐培训三年，通过这几年的声乐训练，不仅激发了她对音乐的热爱，她的音乐素养也得到了很大的提高。进入初一后，文化科目的增加导致她学习压力倍增，她的家长及班主任担心校外声乐培训会影响她的学习，不支持她再参加训练，但是她很想坚持学习声乐。为此，笔者找她的班主任老师进行沟通，以求得班主任的支持；同时连续去了她家两次和她的父母进行交流、沟通，告诉他们孩子的学习兴趣是她学习的最大动力。在笔者的不懈努力下，家长终于同意她继续训练一段时间再做决定。这一年，通过孩子自身的努力和笔者合理、科学的培训课程安排，何书彦同学在文化课学习及歌唱训练上都取得了一定的进步，而且还获得了长沙市中小学"独唱、独舞、独奏"比赛独唱类一等奖，家长及班主任对此都很高兴，因此他们在观念上也发生了很大的变化，开始积极主动支持和督促孩子参加声乐培训。

校外教育声乐课尊重了学生的个性发展，为怀揣音乐梦想的学生提供一个展现个人才华的广阔舞台，丰富了学生的课外生活，提高了学生的音乐修养和专业技能。教师的声乐课堂也得到了延伸，知识目标、能力目标得到了巩固与提高，情感目标得到了升华，内化成为学生精神上的营养。校外声乐培训体现了"学生的主体性"：学生是探究的主体，通过培训活动提高了学生实际掌握音乐知识及作品演唱的能力。通过实践让学生开阔了视野、感受到了丰富多彩的生活；学生在探究过程中通过学习和亲身实践，懂得对自己已有的知识进行重新组合，加强了认识。①

---

① 许洪帅. 我国中小学音乐教育器乐教学发展研究［D］. 北京：首都师范大学，2007.

浅析信息技术在儿童二胡集体课程的应用

长沙市少年宫　李崇博

摘　要：目前二胡教学在儿童阶段一般采用集体课程的教学方式，本文就如何巧妙运用多媒体，发挥其在集体课程中的作用，增进课堂的趣味与情感体验以激发儿童的主动性、创造性方面加以阐述。

关键词：多媒体；集体课程；趣味性；情感体验

随着时代的发展，为弘扬民族音乐而学习二胡的人越来越多。二胡课程作为一个艺术类的普及教育课程，在儿童教学阶段常见的是集体课程的教学方式，一般都是教师照本宣科，教师讲授、学生聆听。学习的过程有些枯燥无味、难以理解，学生学起来也是依葫芦画瓢。现代社会如何结合信息技术运用和多媒体进行趣味训练与情感体验，激发儿童学习二胡的主动性、创造性，是我们在儿童二胡教学中迎来的一个新的挑战。

一、多媒体导入，情境中初识二胡形态

多媒体教学丰富多彩，它利用声音、影像等多种素材，让课堂教学变得绘声绘色、趣味无穷。音乐教学时，教师可以通过多媒体播放、演示各种与乐曲相关的内容，有目标、有创新地通过自制的教学软件来编排整个教学内容。而在器乐教学中，教师进行示范演奏的同时，导入多媒体元素，为学生创设全新的情境教学模式。

在二胡启蒙教学中，学生初学拿到二胡时，常常感到很新鲜、很神秘。这时，教师采用多媒体导入，通过语言、图片、音响等具体手段，如播放耳熟能详的二胡乐曲视频，使学生对二胡有初步的感受认识。接着，教师再具体介绍二胡的基本结构和发音特点，激发他们的兴趣：为什么两根弦可以演

奏出如此美妙动听的音乐？然后，采用电脑动画形式，分门别类逐一介绍二胡的各个部件，点燃学生思维的火花，激发学生的求知欲望。最后，通过自身演奏的实践，学生逐渐获取音乐美和对二胡演奏的具体感知。

有了多媒体的加入，能更直接地实现人与机器、教与学、师与生以及同学之间的交流，让学生更积极地参与到教育教学中。及时调动学生学习二胡的情绪，激发其学习兴趣，由"要我学"变成"我想学"，较大地改变整个教学环境和学生的学习情绪。

二、多媒体形象展演，动态中掌握二胡演奏要点

多媒体教学显著的特点之一是综合多元化要素，使用多种现代化的信息媒体并通过动画的形式展示，能较好地抓住中小学生的心理特点，破解教学难题。[①] 利用多媒体录音、视频等现代技术手段，学生不但能把乐曲的情感形象以及二胡的演奏特点等看明白听清楚，而且还能开阔视野、增长见识。利用视频或音乐播放设备的暂停、回看等功能，可以大大地提高学生对二胡音色听辨及对乐曲鉴赏的能力。对以具象思维为主的小学生来说，这种形式让他们更容易接受。多媒体辅助教学中，教师可以灵活地借助多媒体 Flash 鲜明的色彩以及生动的画面，让教学的内容更加形象化，从而使学生更好地掌握二胡的演奏技巧，学生的学习兴趣也会高涨。二胡教学因其抽象性以及其特有的载体和形式，对于激发学生在启蒙教学中的兴趣上，有着极为重要的作用。

如在教学用书按音及保留指的练习中，可运用 Flash 教学，采用自编儿歌形式。以左手按弦及揉弦手形为例，如果生硬地告诉学生要"半握拳、斜弧形"，学生肯定一头雾水，笔者将揉弦教学编成儿歌："拳头松开变成 C，虎口琴杆不分离，指尖落在琴弦上，1234 要放松。"借助多媒体，创设动态情境，运用活动的画面，把儿歌的内容用动画的形式展示出来，学生自然就领会了其中的要点。在自编儿歌的 Flash 演示基础上，教师应加强对重点难点的讲授。通

---

① 赵砚臣. 二胡基础训练编著 [M]. 北京：人民音乐出版社，1977.

过教师的直观演示，学生学习起来将更有兴趣，对要点的掌握也更快更好。

三、多媒体游戏导学，趣味中拉动二胡弦音

集体课形式符合少年儿童不愿意单独活动的心理特点，它提供了群体活动的机会，提高了学生的相互配合、相互协作的能力，对学生形成健康、活泼、开朗的性格也有着积极的作用。

集体课中，可借助多媒体开展游戏。以教学用书中《闪烁的小星星》一课为例，将多媒体课件制作成动态火车车厢形式，在火车车厢中载有一个一个的乐句，学生分组来进行乐句接龙。学生的注意力集中了，趣味性增强了，同时学习效率也大幅提高。火车动画制作接龙游戏还可以采用多种形式不断创新，使多媒体教学更加生动。如蒙古族风格的乐曲《赛马》，教师从乐曲中提取典型的节奏音型，通过观看蒙古族赛马以及摔跤比赛的视频等形式，让学生开拓思维，增强思维的自由度，展开丰富的想象。学生通过听到的、看到的，深刻感受在蒙古族人民传统的赛马盛会上紧张激烈的气氛，从而带上感受学习乐曲，以更好地把握乐曲节奏和旋律的特点。

四、多媒体引路，想象中提升二胡技巧

教学中运用多媒体创设情景引导学生，激发他们的想象力和创造力，充分挖掘二胡自身的音色魅力。如教学《光明行》时，运用多媒体让学生看两个对比性的视频：一个是气势昂扬的部队阅兵视频，另一个是学生广播体操视频，让他们自己找这两个视频中氛围的差异。然后，教师用两种不同的感觉演奏第一乐段（A. 铿锵有力、情绪饱满、节奏明显；B. 流畅运弓、情绪饱满、节奏明显），请学生选择乐曲情境与哪一个视频画面相符。接着，教师完整地演奏《光明行》，同时配上国庆节阅兵式的录像片段，这样使得学生对《光明行》乐曲的情绪和乐曲音乐特点印象深刻。

由此可见，多媒体视频在课堂中的恰当运用，可发挥它特有的优势——多方位调动学生的感官，让他们从视觉、听觉、想象力等方面发散性地去欣赏音乐，以说故事的方式去分析音乐，综合提高了学生的欣赏、感受、想象音乐的能力，学生对掌握二胡的演奏技巧和乐曲情感的理解也会有更加深刻

的认识。

五、多媒体渲染，体验中挖掘二胡神韵

音乐是情感的语言，无形貌而神韵俱在；在二胡演奏中，神韵就是艺术魅力关键点。而当面对的教授对象是小学生时，一些教师可能会有困惑，因为低年级学生对一般事物的认识比较浅显、抽象和直观，模仿式的教学及普通言语的表达难以让他们理解乐曲的情感和触及他们的心灵，无法使其体会乐曲的神韵。而在此时，让多媒体发挥其独特的魅力和作用，可以使学生身临其境，置身于一种情感激发、自我陶醉的氛围中，和谐自然地去感受音乐、表现音乐、理解音乐，[①] 可以化教条为形象，把音乐艺术之美上升到人性之美，把课堂之美扩展到社会之美。比如，在学习《喜唱丰收》一课时，在教学中可以这样安排：首先播放农民伯伯抢收割、忙丰收的辛苦劳动的视频，然后再学习《喜唱丰收》这个乐曲。教学效果表明，这不仅是一堂二胡技巧课，更是一次让学生体会"锄禾日当午，汗滴禾下土"的情境教学。劳动之不易及丰收之喜悦的情绪通过多媒体教学被激发出来，"以情发音，以音传情，以情动人"，学生能自然地把情感表现到他们的乐曲演奏中去。可见，在二胡教学中合理利用多媒体，可以充实课堂教学内容，同时对学生的情感教育和情操的培养起到关键作用。

综上所述，在集体课程的教学中，多媒体的有效利用能增进课堂的趣味性，激发学生学习二胡的主动性、创造性，创建了"人人乐于成为音乐小主人"的课堂氛围；同时，现代教学技术手段的辅助给学生提供了音乐情感体验的机会，让学生在提高二胡技能的同时能更好地体会民族音乐和民族乐器的魅力，感受民族音乐的表现力，受到民族文化的熏陶。

---

① 袁静芳. 中国传统音乐概论 [M]. 上海：上海音乐出版社，2000.

扬琴曲《喜讯》的曲式结构与演奏技巧

长沙市少年宫　唐　昱

摘　要： 扬琴曲《喜讯》是桂习礼先生创作的一首以新疆民间音乐作为素材的扬琴独奏曲，也是中国扬琴音乐的经典之作。本文从《喜讯》的结构、处理方式、演奏技巧运用方面进行了梳理和分析。

关键词： 扬琴曲；《喜讯》；扬琴演奏技巧

扬琴曲《喜讯》是桂习礼先生创作的一首以新疆民间音乐为素材的扬琴独奏曲，乐曲欢快热烈、充满活力，表现了新疆人民质朴的性格和对家乡的热爱。初学者在学习这首乐曲前应该先了解该曲的音乐风格、新疆音乐所特有的舞蹈节奏型。本文主要对《喜讯》的曲式结构、演奏技巧进行分析。

一、乐曲的曲式结构

引子（1～10 小节）：以一种欢乐热烈的情绪作为乐曲的开始，其中7～10 小节运用了新疆风格的节奏型——切分音。

第一乐段：第一乐段是一个小快板乐段，由 6 个乐句组成。其中 1～3 乐句运用了八十六的节奏型来模仿马蹄的声音，既表现了新疆的音乐特点又寓意着快马加鞭传递喜讯的心情，清楚地表现了乐曲欢乐的情绪。第 4 乐句是一个承接句，由八十六的节奏型转变为四个十六分音符，乐曲的力度由弱到强推到了第 5 乐句，即第一乐段的关键乐句。第 5 乐句的音区都集中在高音区，作曲家运用了音区的变化来推动乐曲进行，使乐曲的情绪从轻快的过渡到了热烈的。第 6 乐句是重复乐句，和第 3 乐句很相似，最后 4 个小节重复运用了新疆风格节奏型——切分音来结束第一个乐段。

第二乐段：第二乐段是一个慢板乐段，由 4 个乐句组成。慢板乐段运用歌唱性的旋律，表现了新疆人民质朴的内心情感和对家乡的热爱。慢板乐段运用了轮音的演奏技巧来表现新疆人民的内心世界。第 4 乐句的最后是一个转折句，作曲家运用速度上由慢渐快和力度上渐强的变化，将乐曲由慢板乐段推向第三段热烈的快板乐段。

第三乐段：第三乐段是一个热烈的快板乐段，由 6 个乐句组成。第三乐段对比第一乐段，从八十六的节奏型变化到了四个十六分音符的节奏型，乐曲的情绪更加热烈。第 6 乐句是本曲的结束句，运用了分解和弦的演奏，从低音区发展到高音区，将乐曲推向高潮。

二、乐曲的演奏要求

本首乐曲主要解决初级阶段的学生扬琴演奏中的三个技巧问题。

（一）连竹技巧

《喜讯》第一段运用了八十六的节奏型来表现马蹄声，而八十六的节奏型就需要用到连竹的技巧。连竹，顾名思义就是一个手连着弹两下或者两下以上，《喜讯》中的八十六的节奏型就是先用右手连着弹两下，再用左手弹最后一下。要注意这一拍中的前一个半拍用右手演奏，后一个半拍有两个音，第一个音用右手演奏，第二个音用左手演奏。为了让初学者能够迅速习惯连竹的技巧，在学习的过程中，我们可以按之前学过的右左的竹法，先演奏后面两个音（即后面一个半拍），然后再把右手第一个音（即第一个半拍）加进来，这样可以让学生迅速掌握好连竹的技巧，同时节奏准确。需要强调的是：重音还是在第一个音上；后半拍的两个音节奏和力度要均匀。

（二）轮音技巧

《喜讯》第二乐段主要以轮音技巧为主，轮音技巧要有步骤地、先从定数轮音入手，循序渐进地练习。首先要给学生做定数轮音的讲解与示范，帮助学生解决轮音问题。例如，在第二乐段中出现了三种时值的音需要用轮音演奏，分别是一拍、一拍半、两拍。定数轮音也就是规定轮音的个数，一拍定为八个音，那么一拍半就是十二个音，两拍就是十六个音。那么学生根据规定的数量去演奏，演奏时内心一定要数个数，比如说八个音数（12345678），十二个音数（12345678 1234），十六个音数（12345678 22345678），这样既能够保证轮音的时值准确，又能够帮助内心去控制轮音的节奏均匀。轮音技巧是需要长时间练习的技法，需要学生课后继续坚持练习，慢慢把速度提高，由慢到快把音符由点连成线，然后再从定数轮音转变到不定数轮音。

（三）快速演奏技巧

《喜讯》第三乐段是一个快板乐段，必须达到节拍器"一个八分音符＝132"的速度，这对于初学者来说是一个难关。解决快速演奏最好的办法就是慢练。慢练是一切快速演奏的基础，要在达到音的准确性和节奏的准确性的基础上循序渐进地加快速度，一般从慢板（56～86）过渡到中板（86～108），再过渡到快板（108～132）。在慢练的过程中，要学会聆听自己的演奏，如果出现了音准和节奏的问题，一定要反复再练，直到问题解决，再加快速度。

《喜讯》这首乐曲是学习扬琴中的必弹作品，它以轻快优美活泼的旋律成为中国扬琴艺术的经典之作。

中小学校外教育竹笛教学管窥

长沙市少年宫　吴　蔚

摘　要：开设竹笛教学对中小学生素质教育有着非常重要的价值和意义，它能在提高学生对音乐的兴趣的同时，培养学生基本的艺术素养，帮助学生掌握一定的音乐理论知识，让学生在音乐学习中身心都得到滋养和发展。针对中小学生开展的校外音乐教学还存在一定的认知误区，应当考虑到学生的个体基础和差异，改变授课方式单一的现状，选择或编写富有时代气息和针对性的教材，丰富竹笛教学形式等，从而进一步发掘学生的音乐创造力和主动性，使学生们充分领略竹笛和音乐的魅力。

关键词：竹笛教学；改革；策略探究

作为一种古老的民族乐器，竹笛的音色圆润且音域宽广，表现力很强。同时，竹笛吹奏方法难度适宜，入门难度不高，便于教师因材施教、广泛开展教学活动。此外，竹笛的造价也十分低廉，小学生仅需购置笛子和笛膜便可进行吹奏。因此这种乐器备受小学生的青睐。将竹笛引入音乐教学当中，可以使学生充分体验古老民族乐器的艺术魅力，同时也可用这种构造简单的乐器吹奏喜爱的经典乐曲。[①] 所以，竹笛对培养学生的音乐审美能力、陶冶学生性情等方面可起到积极作用。在新时代环境下，国内的教育方式和人们的艺术文化水平都有了很大程度的提升，因此，竹笛课程的普及对教师提出了更高的教学要求。教师不但要具备娴熟的演奏能力，还要运用科学的教学方法来开展教学。[②]

[①]　赵大禹. 高校竹笛教学改革的策略探究［J］. 黄河之声，2015，No. 446（17）.
[②]　王佳. 浅谈竹笛教学［J］. 音乐时空（理论版），2012（A07）.

一、竹笛教学对中小学生素质教育的价值和意义

（一）有助于激发学生学习音乐的兴趣，培养基本的音乐素养

兴趣是学生最好的老师，初学者开始只会对竹笛这种民族器乐非常好奇，当他们发现教师可以用竹笛吹奏出多种乐曲后，会自然地对竹笛的神奇产生好感，会萌生亲自试一试的想法。因此，教师仅需进行示范教学，就可以充分激发学生学习的兴趣和动力。此后，教师可在吹奏过程中逐步讲解气流、曲谱和音长的变化对音乐效果的影响，使学生意识到学习乐理等基础知识对演奏竹笛的重要意义，从而提升对音乐基础知识和基本技能的重视程度。正因为学习竹笛打开了音乐的一扇门，学生于是对艺术的美妙产生向往和学习的动力。[①]

（二）有助于提高学生的视唱能力

视唱能力指的是看谱即唱的能力。这种能力不但是学习音乐、辨正音律的基础，也有助于学生未来理解和创作高难度曲目。因此，教师必须将学生的视唱能力培养作为竹笛入门的基础课程之一。不过，提升学生的视唱能力也绝非易事。尽管小学生能够模仿各种歌曲，但当他们接触曲谱时，却很难掌握音程的变化规律。而单纯的视唱教学也仅能对音值和音高进行训练，这种学习显得枯燥乏味。所以，教师理应将拥有固定音高的竹笛作为训练学生耳音和视唱能力的工具。在吹奏竹笛的过程中学生可以逐渐熟悉音程并掌握旋律，而在学生们聆听教师吹奏的乐曲时，也可自然地领悟视唱的精髓。正所谓实践是检验真理的唯一标准，学生在吹奏竹笛的过程中会自然地感受到音程的高低长短，并进一步降低识谱视唱的难度，同时，学生的节奏感和乐感也同样会随着竹笛技艺的提升而不断增强。

（三）可以充分开发学生的智力

正如雨果所言，"数字、文字和音符是三把开启人类智慧宝库的钥匙"。学生的身心和思维会随着起伏的音乐旋律而同步律动，进而使身心在律动中

---

① 沈红宇. 对竹笛教学兴趣培养的思考和建议［J］. 艺术科技，2013，26（4）.

得到协调，同时也有增强智力效能。事实上，音乐课开设的实质目的并非培养音乐家，而是通过音乐来开发学生的智力、陶冶学生的情操。由于唱歌等方式容易使一些走调的学生羞于开口，因此，靠吹奏发声的竹笛可以使那些嗓音较差的同学重获自信。而在学生积极投入竹笛吹奏的过程中，他们也可充分领悟曲目创作的精髓，进而提升自己的音乐创造能力，加深音乐的情感桥梁作用。[①]

二、竹笛教学存在的问题

（一）学生的基础和理解能力存在差异

每个学生来自于不同的家庭，每个家长对于音乐教学的重视程度和培养举措有着很大差别，因此，在接触竹笛的过程中，学生的理解能力也存在明显差异。通常而言，提前接触过竹笛的学生拥有一定的学习基础，在气息运用和吹奏乐曲等方面也能够迅速入门；采用了正确的练习方式的学生也能很快掌握正确的吹奏技巧；而有些学生由于气息不足难以吹响笛子；还有的学生不注重基本指法练习；等等。对此，教师必须严格监督学生的日常练习，及时发现并纠正学生存在的基本功问题，使学生能够尽快掌握吹奏竹笛的主要技巧。

（二）教师对竹笛教学的认知不够，教材没有时代感和针对性

当前，我国对音乐教学的重视程度虽然在不断提高，但在课程设置及教材选择方面仍存在诸多问题。很多教材内容过于单一和雷同，而教师的教学方法也流于模式化。在教授竹笛入门课方面，很多教师没有根据学生的实际情况选择合适的规范教材来锻炼学生的基本功。比如，有的教师直接教授小学生类似《民族管乐演奏实用教程》的相关曲目，但很多曲目的设置已经超出了初学者尤其是小学生的认知水平，有的学生理解不了进而产生不了共鸣，而这也为教学的开展带来了很大的麻烦。此外，很多竹笛教材以编撰乐谱为主，没有针对中小学生的实际情况和结合时代特征，使很多的学生学习变得盲目，对竹笛失去兴趣。

---

① 杨帆. 高校竹笛教学改革的策略研究［J］. 音乐时空，2014（21）.

（三）竹笛授课方式单一

目前，一般的培训机构都聘用了专业的音乐高校毕业生作为教师，但很多音乐教师并不是主修竹笛专业，因此他们对竹笛的了解并不深入，也无法保证竹笛课程的教学质量。此外，即使是师范类院校毕业的竹笛专业的教学人员，也往往只是沿袭老套的说课方式，和学生的互动及交流沟通不够，在基本功训练、演奏乐曲的循序渐进以及乐曲处理等方面都存在着很大的主观性和盲目性。

三、竹笛教学改革策略与建议

（一）树立明确的教学目标，因材施教

教学目标的确立是成功开展教学活动的前提。当前，我们的教学目标通常要求学生兼具演奏乐器和掌握理论知识的能力。然而，从教学发展的角度来看，这种目标并不具备实际的指导价值。因此，教师应当树立明确的培养目标和教学理念，对具体的教学目标进行细化，并制定阶段性的学习目标，使学生能够在学习竹笛吹奏的过程中，逐渐领悟基本乐理常识，并提升自己的音乐审美能力等，这样才能培养出更加独立和多元化的音乐人才。以笔者所在的单位为例，大部分的学生学习竹笛，都是以盲目追求上特长班为主，而不是真正去培养审美能力或提升素质，这样便导致学生学习音乐变成了填鸭式的被动学习。艺术是美好的，应该引导学生为了发现音乐的美而去学习，有天分的学生顺其自然地走向更高的层次，而普通资质的学生也能获得对音乐基本的认知能力。① 由于刚接触竹笛的学生在学习进度和技能基础上存在较大差异，因此教师首先要了解学生的实际情况，并针对学生的薄弱项目进行针对性培训。同时也为基础不同的学生制定不同的培养方案，进而达到因材施教的教学目标。

（二）建立合理的课程设置，选择或自编相应的教材

教师可以将课程分为基础课和拔高课。基础课只要求学生了解竹笛知识，并掌握一些基本的指法和吹奏要领；而拔高课则对那些拥有良好基础的学生

---

① 赵逊. 竹笛教学中的音乐美学体现［J］. 学园，2014（032）.

进行专业化指导，并为之指明正确的发展方向，从而使他们在日后有机会获得更大的成就。笔者所在的长沙市少年宫学制一般为两年，这就是相对合理的课程设计，因为两年的时间基本可以判断一个孩子能不能在艺术的道路上走得更远，学习艺术本来就需要天分，这样也不会耽误学生学习其他更适合自己的专业。音乐教材是开展音乐教学的重要载体，当前很多机构和学校选择的教材都存在内容老旧、难度过大的问题。因此，教师在选择教材时不应只关注曲目，更要选择技巧与理论知识完善和完整的教材。教师也可以结合时代的特点，注重知识的多样性，重点对竹笛基础训练、技巧和练习曲目等部分的编写质量进行研究。同时，教师也要根据学生的实际水平不断调整更新教材，避免教材的单一化，这样才能循序渐进地给予学生科学的理论指导。

（三）聘请竹笛专业老师授课，丰富竹笛教学形式

同其他课程一样，培养专业的学生需要更专业的教师。对于学校缺乏相应的专业音乐老师的问题，可以采用外聘专业老师辅助教学的方法，确保学生的竹笛学习更专业。乐器的教学不能纸上谈兵，更不能孤芳自赏。因此教师除了常规的课堂说课、课堂指导之外，还可以采用课堂教学、小组教学和个人教学相结合的方式，也可以采用在课堂观摩精彩的演奏视频，或完成一首乐曲的学习之后结合伴奏进行表演的方式来丰富课堂教学，提升学生学习音乐的热情，提高学生学习竹笛的兴趣。鼓励学生彼此合作，加强交流。同时也应提倡擅长其他乐器的学生和竹笛专业的学生一起组建民乐队，在合奏训练中加强对竹笛的掌握程度，使学生可以自主探究突破瓶颈的方法，并互相为对方的演奏提出中肯意见。学生间的交流可以让学生更好地观察并分析竹笛演奏的技巧，同时也可增进学生间的友谊，形成良性竞争的课堂学习氛围。

四、结语

作为大众非常熟悉的民族乐器，竹笛有着十分悠久的历史，是中华文明的瑰宝，同时也获得了当代学者的重视和认可。将竹笛艺术这种民族音乐更好更完整地传播和传承下去，是每一个竹笛老师的责任。在教学过程中，教师要带领学生深入了解竹笛艺术，并采取精细化教学的方法，使中小学生能够通过对竹笛这门艺术的学习，掌握丰富的音乐知识，继而为音乐的赏析和深入学习奠定良好的基础。

儿童钢琴集体课的教学探究

长沙市少年宫　于志勤

摘　要：相对于传统"一对一"的钢琴教学模式，儿童钢琴集体课作为新的教学模式，其开放的教学环境、寓乐于教的教学氛围、较低的教育成本，对于社会推广钢琴教育特别是儿童钢琴教育来说，具有十分明显的优势。根据多年的教学实践，笔者浅析了儿童钢琴集体课教学的优势和当前存在的问题，并从合理配置班级、创新教学方法、加强合作学习、突出互动交流四个方面对儿童钢琴集体课教学的优化进行探索，进一步深化对钢琴集体课的认识，促进钢琴教育的推广和普及。

关键词：钢琴集体课；优越性；优化措施

随着经济社会的快速发展和物质生活水平的不断提高，人民群众对教育的重视程度也日益提高，艺术教育取得了长足的发展，钢琴教育的发展呈现出井喷态势。目前，我国大多数地区的专业和业余钢琴教育都是采用传统"一对一"教学模式，这种授课形式为我国教学机构和演出团体培养、输送了很多优秀的钢琴演奏人才，其优点就是能更好地因材施教。但在钢琴基础和普及教育中，传统的"一对一"教学模式和有限的教学资源已不能满足钢琴学员数量快速增长的现实需要。因此，采用集体课方式进行儿童钢琴入门教学的优势也就显现出来了，这种授课方式既符合当前的国情，也符合人民群众的需求。

一、儿童钢琴集体课教学的优越性

（一）开放式教学环境，营造寓乐于教的教学氛围

传统"一对一"教学形式对钢琴启蒙的学生来说，最大的问题就是教学

环境的封闭性，即使教师在教学过程中为调动学生的积极性、激发其兴趣而尝试融入学生喜欢的游戏，让他们从中学习，教学效果仍收效甚微。而集体课则不同，学生一起学习钢琴，教师可以想出很多招数让他们在轻松愉快的游戏中认识五线谱、学习打节拍，让乐句接龙、轮奏、即兴创作成为可能，这样一堂生动的钢琴课会让学生觉得时间过得很快，而且也会很期待下一次课的到来。[①]

（二）激发学习自主性，促进演奏技巧的掌握和提高

在传统"一对一"钢琴教学中，学生只限于跟教师单独交流，很多学生都处于一种盲目的学习状态，没有一个实际的学习目标，缺乏竞争意识，导致学琴和练琴的积极性不高。但在钢琴集体课中，身边的同伴就可以是学习目标，在这种群体环境里学习，不仅可以激发学生学习的自主性，实现从"要我学"向"我要学"的转变，还能增进师生、生生之间的多维互动，提高学生的自主学习和合作能力，从而促进钢琴演奏技巧的提高。此外，儿童钢琴集体课的开放式教学环境会产生一种群体效应。所谓群体效应，就是群体意识对个体的一种影响力。就像即使没有下雨，但是路上所有人都打着伞，你可能也会不由自主地把伞打开。钢琴集体课所产生的群体效应有助于激发学生学习的自主性。

（三）降低学习费用，真正做到钢琴教育全面普及

儿童钢琴集体课教学不仅能有效降低教学的成本，关键还在于可以降低学生学习费用，减少学生和家长的负担。从推广钢琴教育来看，这一点至关重要。据不完全统计，钢琴集体课的学习费用仅仅是个别课教学的四分之一或者五分之一。[②] 以中部地区某市为例，目前钢琴启蒙"一对一"的收费标准是 200～400 元一课时，一个学生每月的学费就是 800～1 600 元，一年按 50次课算，年学费高达 10 000～20 000 元，这些还不包括考级及参加各种活动、比赛所交纳的费用。而 6～10 人集体课的收费标准是 60～100 元一课时，一

---

① 李民. 钢琴集体课教学法（一）［J］. 钢琴艺术，2011（4）.
② 李民. 钢琴集体课教学法（二）［J］. 钢琴艺术，2011（5）.

年也就 3 000～5 000 元，相比而言，这样的消费更符合普通家庭的消费水平，更有利于钢琴教育在普通家庭进行推广。

二、当前儿童钢琴集体课存在的问题

儿童钢琴集体课虽在启蒙教学中展现出一定的优势，但与成熟、完善的传统"一对一"教学体系相比，仍然存在一些短板和不足。

（一）专业教材不多

现在市面上大多数的钢琴教材都是为"一对一"教学而设计的，专门为钢琴集体课编写的教材少之又少。尤其是在钢琴启蒙教材方面，比如训练儿童音乐创造力和编配能力的教材等，针对儿童多维度综合音乐能力培养的集体课教材等，几乎没有。

（二）教学进度难控制

由于个人内在音乐素养和生活环境不同，学生在学琴过程中在能力方面会出现较大的个体差异性，而且经过一段时间的学习，学生们也会因为天赋、能力、用功程度等因素逐渐拉开距离，这也是集体课教学要克服的关键难题。

（三）师资力量不足

集体课由于人数多，教师必须在有限的时间内让学生完成教学目标，这无疑对教师的教学能力和素质提出了更高的要求。而目前钢琴教育师资培养大多按传统的"一对一"教学模式培养，短时期内难以适应集体课教学。

三、儿童钢琴集体课教学的优化措施

（一）合理配置班级是关键

集体课虽有优势，但也不是人越多就越好，合理分班成为上好儿童钢琴集体课的关键。一般来说，4～6 人最为合适。此外，教师必须通过灵活调整班级来最大限度地消除个体差异，及时将进度快、理解和领悟能力强的学生调入高层次班级，将进度慢、悟性弱的学生编入低层次班级，教师再结合学生个体的差异性进行针对性教学，让不同学习能力和不同层次的学生都能有所收获。

（二）创新教学方法是根本

在传统"一对一"的授课模式中，教师大多凭借自身多年的经验教学，上课具有较强的主观随意性。而在儿童钢琴集体课教学中，教师要"一对多"

授课，这种教学对象数量的变化就对教师自身教学能力和专业能力提出了更高的要求，需要教师建立趣味性的教学体系，融入创新性的教学方式。而且，教师最好能自己编写趣味性和实用性强的儿童集体课教材，这种教材不仅能增强儿童学习的积极性，还可以提高钢琴集体课的教学效果。

（三）加强合作学习是重点

国际 21 世纪教育委员会的报告《教育——财富蕴藏其中》指出："学会共处，是面向 21 世纪的四大教育支柱之一。"[①] 实践也证明了合作学习在活跃课堂气氛、帮助学生认知发展、培养学生的团队意识及合作能力等方面有明显成效。在儿童钢琴集体课教学中，教师要灵活运用齐奏、轮奏、独奏等方式，充分发挥集体课的优势，激发学生的学习兴趣，快速形成课堂群体效应，建立自主、合作、探索的学习机制来提高教学质量和学习效率。

（四）突出互动交流是精髓

在儿童钢琴集体课中，回课是开放式的、集体参与式的，具有传统"一对一"教学模式所无法比拟的优势，发挥好这一优势是提升钢琴集体课教学效果的精髓所在。一是要注重培养学生音乐综合素养。公开回课给学生们创造了展示和表演的平台，加强了学生间沟通交流的机会。教师在检查学生作业时，要注重锻炼学生的演奏能力，培养良好的心理素质，为以后登台表演或比赛奠定基础。二是要注重提升学生的迁移能力。要让学生通过观摩其他同学的演奏，互相学习，取长补短，促使学生们在相互交流中利用已掌握的知识来学习新的钢琴知识，提升自身的迁移能力。三是注重培养学生的思辨力。教师在对学生的回课情况进行集体点评时，要灵活运用讨论式、启发式等教学方法，引导学生自主发现、分析问题，通过师生集体讨论分析，逐一将演奏中的问题解决。

综上所述，钢琴集体课教学在儿童钢琴教学中具有传统"一对一"教学所不能比拟的优势，钢琴集体课更注重培养学生的整体音乐素养，而不是演奏技术的提高，钢琴教师要充分运用集体课的优势，将钢琴集体课变得越来越普及，让钢琴从高雅的艺术殿堂走进普通百姓家中。

---

① 曾爱民. 幼儿合作意识和能力培养的行动研究［J］. 小学科学（教师论坛），2012（03）.

中小学校外教育写作教学用书的编写策略 *

长沙市少年宫　苏巧新

摘　要：本文从编写中小学校外教育写作教学用书的实践经验出发，结合具体实例归纳出编写写作教学用书可以从确立目标、整体规划、设计栏目、精选内容、反复修订等方面着手。

关键词：中小学；校外教育；写作教学用书

笔者参加长沙市教育科学研究 2017 年重点规划课题"中小学校外教育教学用书开发与实施的研究"工作，历时两年多，《中小学写作（高级）教学用书》终于面世并分发学生使用。学生刚拿到新书时心情都很激动，普遍反映这本书的设计新颖，内容丰富，指导有趣，很喜欢读。

本文中的"中小学"是指九年义务制阶段的小学与初中时段，校外教育是指学校教育以外的社会公益场所提供的教育。写作教学用书是指以指导学生写好文章为主要目的的教学、学习工具书。编写中小学写作教学用书是一件复杂的工作，需要用心用力去完成。要想编著一本有价值的写作教学用书，可以从以下几个方面着手。

一、确立目标

目标引领行动。编者最先要想清楚的是：编写这本书要达成怎样的目标？换而言之就是为什么要编这本书？这个问题想清楚了，后面的工作就有努力的方向。笔者从事校内小学语文教育十多年，后又从事校外写作教育十年，在这么多年的中小学教育中，就没有找到一本真正意义上的写作教学用书。

　＊　本文获 2019 年长沙市教育科学研究院论文评比一等奖。

到底该怎样教学生写作？学生在动笔之前要做哪些铺垫工作？这些现实的问题都没有答案。而写作教学一直以来都是非常重要，也是非常艰难的。笔者期望编写一本能够将校内校外生活相连、阅读积累与写作表达融合一体的教学用书，给中小学生和从事中小学写作教学工作的教师提供有效的帮助，致力于培养学生的人文底蕴、科学精神、学会学习、健康生活、责任担当、实践创新六大核心素养与写作专业能力。这个朴素的目标让笔者不辞劳苦，深入教师、学生中进行调查，了解他们遇到的困难和想要学的内容，再在深入研读九年制义务教育语文课程标准的基础上，开始编著这本写作教学用书。

二、整体规划

教学用书编写的指导思想、体例安排、编写内容等都要进行整体规划。只有顶层设计科学合理，后面的具体编写才能有效实施。笔者期望通过教学用书传递"我手写我心"作文主体意识，贯彻"以写为主，以读促写"写作教学理念，形成"说写结合，读写一体"系统。书的封面、前言、目录、十五个主题和两个综合实践的正文，每一个环节都需要规划好。特别是正文的主题内容与综合实践活动是这本书的核心，每一个主题都要精心构想。笔者根据写作提高班学生实际与成长需求，确定了以下十五个主题：第一课——《生活充满欢乐》，珍爱生命现代诗歌；第二课——《美名远扬的臭豆腐》，家乡特产；第三课——《我运动我快乐》，体育运动；第四课——《麓山风情》，风景；第五课——《小荷已露尖尖角》，咏物；第六课——《走进少年宫》，介绍建筑；第七课——《我的自传》，了解自我；第八课——《石头兄弟》，童话；第九课——《梦想成就未来》，议论；第十课——《纸短言长》，书信；第十一课——《书香弥漫》，读后感；第十二课——《养生物记》；第十三课——《乐滚铁环》，校园活动；第十四课——《我最爱的中国节》，中国传统节日；第十五课——《我的明星榜样》，榜样力量。确定的两个综合实践活动是：追寻湖湘文化名人的足迹——访贾谊故居；欢欢喜喜过新年。这样就对写作提高班学生要掌握的写作知识、写作技巧、写作体裁与涵养珍爱生命、关心身边的事物、强健身心、追求梦想等诸多美好品质做了系统设计。

三、设计栏目

教学用书要能吸引学生，每课的栏目需有新意与内涵。教学用书既要尊重学生生活、尊重学生独特个体情感体验与思维品质，又要将作文基本知识、方法、技能巧妙融合在各栏目中。这本写作教学用书每课设置的主要栏目有：

少年君说：以学习伙伴的身份向学生传达本次学习的主要内容与学习要求，包括学习工具的准备及相关的生活积累等。

智慧锦囊：相关写作知识、写作方法、写作技巧的传授。

初试牛刀：分步讲解每次主题写作的步骤或要领，开启思维，引导学生轻松愉快练笔。

名人名言：与本课主题有关的古今中外的4～5条著名言论，是学生作文时可以直接用的素材，也可以成为指引学生成长的力量源泉。

经典诵读：每课精选一首经典的古诗词或现当代诗词佳作。学生可以读到袁枚、戴复古、孟浩然、曹松、周敦颐、岑参、李白、曹操等大家的与主题相关联的作品。

名家名作：著名作家作品介绍、代表作品选登，拓宽阅读视野。学生可以结识泰戈尔、汪曾祺、徐迟、沈从文、艾青、贾平凹等文化名人，并学习其名作。

佳作选登：同龄人课堂内独立完成的优秀习作，通过这些真实、亲切的伙伴习作，同样可以开启思维。

学习效果：评价反馈学习情况，以通过评价督促学生养成良好的学习习惯。可以是自我评价，也可以是同伴评价，还可以是家长或老师评价。

不难看出，这些栏目的设置，有对学生写作兴趣的激发，有激活学生生活经验与写作素材的方式，有写作方法指导，有写作思路开启，有经典诗词积累、名家名作拓展阅读，还有同伴榜样示范与学习效果评价，是遵循写作规律与学生认知水平的。中小学语文教科书总主编温儒敏教授曾指出："作文课和阅读课一样，需要气氛，需要熏陶，需要不断激发学生表达言说的欲望。提升写作能力，最重要的是扩大阅读面，加上适当的思维训练和文字训练。

多读比多写能更有效地提高写作能力。"这本教学用书非常重视阅读积累，每课都有"名人名言""经典诵读""名家名作"与"佳作选登"，有时还增设了"知识链接"栏目，都是引领学生从多角度进行阅读。书中还鼓励学生从名家的名作中选整本的书去读。学生阅读积累下的知识，都可以成为学生写作的素材。阅读广泛了，作文素材也就丰厚了。学生不仅可以"有米下炊"，还有望"财富自由"——轻松愉悦地写好作文。

四、精选内容

栏目设计好了，每个栏目的内容都需要精挑细选。在编写第二课《美名远扬的臭豆腐》时，笔者为了找一篇写美食的名家作品，先后查阅了梁实秋的《雅舍谈吃》，汪曾祺的《活着，就得有点滋味儿》《生活，是很好玩的》；李渔的《闲情偶寄》。经过反复斟酌，最终在汪曾祺的《生活，是很好玩的》的《家常酒菜》[①] 中节选了拌菠菜的一部分：

拌菠菜是北京大酒缸最便宜的酒菜。菠菜焯熟，切为分段。加一勺芝麻酱、蒜汁，或要芥末，随意。过去（一九四八年以前）才三分钱一碟。现在北京的大酒缸已经没有了。

我做的拌菠菜稍为细致。菠菜洗净，去根，在开水中焯至八成熟（不可盖锅煮烂），捞出，过凉水，加一点盐，剁成菜泥，挤去菜汁，以手在盘中团成宝塔状。先碎切香干（北方无香干，可以熏干代），如米粒大，泡好虾米，切姜末、青蒜末。香干末、虾米、姜末、青蒜末，手捏紧，分层堆在菠菜泥上，如宝塔顶。好酱油、香醋、小磨香油及少许味精在小碗中调好。菠菜上桌，将调料轻轻自塔顶淋下。吃时将宝塔推倒，诸料拌匀。

这是我的家乡制拌枸杞头、拌荠菜的办法。北京枸杞头不入馔，荠菜不香。无可奈何，代以菠菜。亦佳。清馋酒客，不妨一试。

笔者觉得这篇文章最合适，于是在赏析这篇文章时，这样写道：

汪曾祺先生曾说过："活着，就还得做一点事。我们有过各种创伤，但我

---

① 汪曾祺. 生活，是很好玩的 [M]. 南昌：江西人民出版社，2016.

们今天应该快活。口味单调一点、耳音差一点，也还不要紧，最要紧的是对生活的兴趣要广一点。"他写文章、画画、享美食，到老都是天真无邪的，把日子过得情趣盎然。

在《家常酒菜》这篇文章里，他写了拌菠菜、拌萝卜丝、干丝、扦瓜皮、炒苞谷、松花蛋拌豆腐、芝麻酱拌腰片、拌里脊片、塞馅回锅油条等内容，主要讲的是这些下酒菜的做法，正如其子汪朗所说"只是进行简简单单的介绍，让读者自己去想象其味道"。文字简洁、凝练、精准，自成风格，读者读了之后，对他笔下的美食神往，恨不得马上能品尝。

而在"名人名言"栏目中，针对写吃的言论，笔者精心挑选了以下几句：

人的口味要宽一点，杂一点，"南甜北咸东辣西酸"，都去尝一尝。——汪曾祺（当代文学家）

然而讲究起吃来，这其中有艺术，又有科学；要天才，还要经验，尽毕生之力恐怕未必能穷其奥妙。——梁实秋（近代文学家）

日啖荔枝三百颗，不辞长作岭南人。——苏轼（宋代文学家、思想家）

人如果吃不好，就不能好好思考，好好爱，好好休息。—— 维吉尼亚·伍尔夫（英国小说家）

这些名人来自古今中外，其言论都与谈吃有关，言谈中其中不乏一定的哲理。

五、反复修订

好的文章是改出来的，好的教学用书同样是改出来的。教学用书的修订比一篇文章的修订更为复杂。教学用书的一部分动了，其他地方也会要相应地调整以保持合理的关联或一致。反复修订的形式多样：笔者独立反复阅读修订；交给前辈、同行阅读修订；还给学生试用，让学生提出建议后再修订。笔者编写写作教学用书时综合了上述几种修订形式，还将编写内容合理更新，力争与时俱进。笔者编写《纸短言长》一课时选了曾国藩的一封家书。2019年5月，华为旗下子公司海思总裁何庭波给全体员工的那封信在中国人中引起强烈的反响，那是中国人居安思危、不屈不挠精神的最好诠释，也是对爱国的人们的最好激励。笔者读了这封信后心潮彭拜，连夜将这封信收录到教学用书中，期望这封信能激发同学们的强国之志与爱国之情。

　　教学用书是课程标准与培养目标实现的最佳载体，编写者可以从确立目标、整体规划、设计栏目、精选内容、反复修订等这些方面着手，让编者的教育理想与教育情怀在教学用书的编写中得到很好的发挥。编写出一本好的写作教学用书，能吸引学生，开启学生的视野与思维，让学生喜欢读书，并能从中得到知识与能力、结识优秀的名人名作，从中汲取成长智慧，自信满满地走向幸福人生。

实践探索·教学设计

《基本笔画——捺》书法教学设计

长沙市少年宫　周　扬

【教学内容】

《中小学书法（初级）教学用书》第六课。

【教材分析】

在书法基本笔画中，捺画变化较多，难度较大。本节课将生活中游乐场里的滑滑梯与捺画进行对比，使学生更容易理解捺画。

【适用班级】

软笔书法初级班。

【教学目的】

1. 掌握书法基本笔画捺画的写法，包括斜捺、平捺、反捺。

2. 掌握"人""不"字写法，初步了解如何通过米字格分析字形结构。

3. 引导学生将书法与生活联系在一起，阅读书册，参观博物馆，游览名胜古迹，感受中华传统文化的魅力，让书法不只是停留在笔尖。

【教学难、重点】

认识三种捺画的不同之处并书写。

【教学准备】

书法工具、字帖；多媒体课件、磁铁、示范作品。

【教学时间】

2 课时。

【教学过程】

第一课时

一、导入

师：同学们，大家喜欢去游乐场玩吗？游乐场里有哪些游乐设施呢？（激发学生们的兴趣，快速融入课堂）

生：有过山车、旋转木马、空中飞人、滑滑梯等。

师：老师最喜欢的游乐设施是滑滑梯，也喜欢滑滑梯的同学请举手。

（展示滑滑梯图片）

师：这个是大家熟悉的滑滑梯，让我们一起来回忆一下吧。

引导学生说出小朋友玩滑滑梯处于 A、B、C 三种状态时的动作。（A 是小朋友坐在滑滑梯上准备滑行，B 是小朋友在向下平稳滑行中，C 是小朋友缓冲着地）

二、新笔画——斜捺

师：在多彩的书法世界里，有一个笔画像极了滑滑梯，那就是"斜捺"。大家看看斜捺中的 1、2、3 和滑滑梯中的 A、B、C 相似吗？

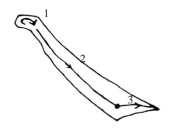

生：斜捺中1是起笔，像滑滑梯中小朋友在准备滑行的动作；2是行笔，像小朋友在滑滑梯中平稳向下滑行；3是收笔，像小朋友缓冲着地。

师：我们用书法的方式来分解斜捺：

1. 起笔——逆锋向左轻起后转锋向右。

2. 行笔——铺毫后向右下行笔，边行笔边按，逐渐加重，形状微微向下凹。

3. 收笔——稍微停顿后向右平收，提笔出尖。

师：老师在黑板上演示，请大家用右手当毛笔和我一起在空中书写。（边慢写边再次分解笔画，两遍）

师：请大家检查并纠正自己的坐姿和握笔姿势，然后用毛笔练习斜捺。（老师到学生座位逐个辅导）

学生练习后，老师首先展示并表扬学生的优秀习作，然后再在黑板画出常见问题，引导学生发现问题，并讨论如何修改。

问题1：斜捺中1部分起笔写得太大。好比滑滑梯中让小朋友准备滑行的位置A太大。

问题2：斜捺中2部分弯的形状太夸张。如果滑滑梯斜度太大就不安全，斜度太小就不好玩。

问题3：斜捺中3部分收笔往右上翘。滑滑梯着地处是和地齐平，如果往右上翘，那小朋友会摔跤哦！

请学生当小老师，示范斜捺写法。老师再次在黑板上演示斜捺的写法（老师边写边分解，学生们用手指在空中书写）

师：请大家再次练习斜捺，避免老师刚才提到的问题。

三、综合练习——"人"字

师：刚才练习斜捺，大家都写得很认真，接下来我们在"人"字中巩固笔画。

师：请问"人"字先写哪一笔后写哪一笔？

生：笔顺是先撇后捺。

师：请大家仔细观察，第一笔撇是在哪里起笔、哪里收笔呢？（引导学生分析字帖，利用米字格定位笔画）

生：撇是在竖中线上半部分的二分之一处起笔，在左斜线下半部分与横中线之间收笔。

师：第二笔斜捺是在哪里起笔、哪里收笔呢？

生：斜捺是在右斜线上，在撇的上部分起笔；沿着右斜线行笔和收笔。

师：接下来我们观察，两个笔画有粗细变化吗？

生：撇细捺粗，撇是由粗到细，捺是由细到粗。

老师在黑板上示范后，学生练习，老师逐个辅导。练习结束后，老师展示学生优秀习作，并小结练习中常出现的问题。

问题1：撇画起笔太大，收笔过于尖细。

问题2：捺画起笔与撇画冲突。

问题3：字的重心不稳。

师生讨论还有哪些需要注意的细节，老师引导学生自主发现问题，并讨论如何修改。

再次练习"人"字。

四、字源解说

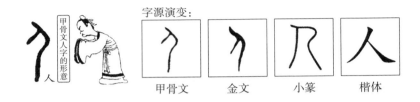

字源演变：

甲骨文　金文　小篆　楷体

《说文解字》："人，天地之性最贵者也。此籀文，象臂胫之形。凡人之属皆从人。"

译文：人是天地间品性最高贵的生物。这是籀文，像手臂腿胫的样子。所有与人相关的字，都采用"人"作偏旁。

第二课时

一、复习导入

师：上个课时我们学习了斜捺的写法，让我们来复习一下吧。（引导学生说出斜捺的写法）

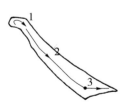

师：捺画除了斜捺，还有其他的变化，这节课就让我们一起来认识它们吧！

二、捺的变化

（一）平捺

（PPT 动画演示，斜捺改变位置后变为平捺）

师：平捺写法同斜捺，要注意角度的不同，平捺相比斜捺较平一些，但也不能将平捺写得过于平直，还是要有一定的弧度。

（二）反捺

师：反捺和斜捺、平捺区别较大，逆锋起笔后向右下行笔，边行笔边按，收笔先提后按，再回锋收笔。

师：请大家练习平捺和反捺。（老师逐个指导）

老师展示学生优秀习作，并总结三种捺画。

名称	斜捺	平捺	反捺
示例			
要点	一波三折，由细到粗，再由粗到细	写法同斜捺，注意角度的不同，不能将平捺写得过于平直	行笔轻快，收笔先提后按，再回锋收笔

师生讨论，三种捺画的常见错误，探究如何修改后再次练习。

三、综合练习——"不"字

师："不"字第一笔横画在左斜线四分之一处起笔，行至右斜线收笔。第二笔撇在横画下面、竖中线与右斜线中间处起笔，收笔较横画起笔处靠左。第三笔竖画写在竖中线上。第四笔反捺在竖画右侧、横中线处起笔，由轻到重，收笔先提后按。

师：请大家用手指和我一起书写一遍。（老师边慢慢示范边讲解）

学生练习，老师逐个指导。

师：请大家思考，"不"字最长和最短的笔画分别是哪一笔？最粗和最细的笔画分别是哪一笔？

生：最长的笔画是竖，最短的笔画是反捺。最细的笔画是撇，最粗的笔画是竖。

师：请大家再仔细观察，这个字还有什么奇妙之处呢？（引导学生分析字形）

生：第一笔横画两头粗中间细，第三笔竖画起笔较圆……

师生归纳观察到的细节，学生再次练习。

四、知识拓展

师：同学们，大家认真书写了这么长时间，周老师有个成语谜语想请大家猜一猜！有一天小明去买酱油，在路上发现没带钱包，于是他掉头回去拿钱包，到了商店发现钱不够，又要跑回去拿钱，最后终于买到了酱油，可他在回家的路上摔了一跤，酱油没了。请问用什么成语可以形容小明买酱油这件事呢？

生：一波三折、千辛万苦……

师：成语"一波三折"就和我们现在学的笔画"捺画"有关！波是指书

法中的捺，折是指写字时转笔锋，意思是写字笔法的曲折多变。现在多用来比喻文章的结构起伏曲折，或事情进行中意外的变化很多。出自东晋时期著名书法家王羲之的《题卫夫人笔阵图后》："每作一波，常三过折笔。"

【教学反思】

在本节学习捺画的课程中，用游乐场的滑滑梯作比喻，学生们很感兴趣，枯燥的课堂变得生动有趣。同时，通过形象的比喻，学生们也更容易理解捺画的写法。但是，课堂上关于滑滑梯的讨论可能会使学生过于兴奋，老师需要合理控制游乐场话题的讨论时间，并让学生的注意力及时放在捺画内容上。

书法课堂中，更多的是要让学生动手练习，老师布置学生分层次地练习，并在每次练习后给予反馈、表扬，学生的积极性就会更高。

《把大海装进瓶子里》美术教学设计

长沙市少年宫　谢苏佩

【教学内容】

《中小学美术（初级）教学用书》第五课。

【教材分析】

《把大海装进瓶子里》是儿童创想画课。利用情景设置、思维引导，使学生充分发挥创新性思维，设计出丰富多彩的海底世界场景；结合前面课程所学的点线面知识点和色彩知识点进行创作中的补充，引导学生完成一幅把广阔神秘的海底世界装进瓶子里的想象画。

【适用班级】

儿童画初级班。

【教学目的】

1. 知识目标：培养学生整体构图意识。

2. 技能目标：让学生能够熟练运用点线面来进行细节装饰。

3. 态度目标：培养学生对海底世界的兴趣以及热爱大自然的情感。

【教学难、重点】

引导学生的创新性思维，完成一幅海底世界场景构图。

【教学准备】

教师：课件、示范作品；学生：铅笔、图画本、色彩工具。

【教学时间】

1 课时。

【教学过程】

一、视频情景导入

（一）播放短片

师：这是什么地方呀？

生：海底世界。

师：你们喜欢大海吗？为什么？

甲生：我喜欢，因为海里有许多海洋生物很漂亮。

乙生：我不喜欢，我不会游泳，也不会潜水，海里面还有大鲨鱼，很吓人的。

师：不会游泳和潜水没有关系，今天老师邀请了一位厉害的潜水员小明来到我们的课堂，让他带领我们一起潜入神秘的海底世界！

（二）介绍海洋生物

海洋生物图片展示。

师：你认识它们吗？请你来为大家介绍一下。

海星：形状像星星，身上还长满了刺。

小丑鱼：它的身上有白色的条纹，是一种热带鱼。

水母：像一把透明的小伞。

鲨鱼：体型特别大，牙齿还很锋利。

魔鬼鱼：身体扁扁的，游起来像扇动翅膀一样，尾巴又尖又长。

珊瑚、海龟、贝壳……

二、课题导入

师：大海里这么漂亮，小明觉得只有他一个人欣赏太可惜了，所以他决定把大海装进瓶子里，带回岸上送给他的好朋友。但是他不知道怎么装更好看，想请大家帮忙，你们愿意帮助他吗？

生：愿意。

师：这是他装好的第一瓶，你们觉得怎么样？

（展示示范作业1）

生：这个瓶子太小了，里面只能装下一条鱼。

师：他觉得你们说得对，所以他又重新装了一瓶，这个瓶子够大了吧。

（展示示范作业2）

生：瓶子里面的东西太少了，不像海底世界，像个小鱼缸。

师：你们真棒！他再次潜入海底，这一次你们觉得怎么样？

（展示示范作业3）

生：很漂亮。

师：小明把这个神奇的瓶子送给了他的朋友，他的朋友很开心，并打算自己也来试一试，我们看看小明的朋友装的瓶子都是什么样的。

三、优秀作品展示

（逐一介绍展示的作品。学生点评，老师补充）

生：他的瓶子里除了海洋动物，还设置了丰富的海洋场景。

师：他用了一个圆柱形的瓶子特别漂亮。我们也可以选择不同形状的瓶子来进行创作。

（展示不同形状的瓶子，如心形瓶、葫芦瓶等）

四、学生自由创作

（一）引导学生总结：结合上述内容，你们觉得在创作过程中，我们要注意些什么？

（二）创作前的4个小建议：

1. 瓶子的大小要适中。

2. 瓶里内容要丰富。

3. 注意物体的大小变化、遮挡关系。

4. 单色或者多色都可以。

师：接下来，你也来当一当潜水员，试着把漂亮的大海装进瓶子里吧。

五、老师走动，进行逐一指导

六、课堂作品展示

"你最喜欢哪一幅？为什么？"对展示的作品进行简单的分析。

七、课题延伸

大家可以把自己的作品带回家送给爸爸妈妈或朋友。

海底世界神秘多彩，我们要保护海洋环境、守护海洋动物的家园。

【教学反思】

整个教学过程，课前准备充分，教学设计流畅。在教学环节设置上，创设海洋情境，打开了学生的创作思路；设置故事情节，吸引了学生的注意力；注重与学生的互动，提升了学生的参与度。整节课氛围热烈，学生积极性高，很好地达成了教学目标。

在教学开展中也存在一些问题。如思维固式化，教学设计中的大多数提问都有一定的预设。老师应拓宽思路，引导学生充分发挥主观能动性，提升教学智慧。

《"春风又绿江南岸"——如何让文字变得生动》
写作教学设计

长沙市少年宫　殷　鹏

【教学内容】

《中小学写作（中级）教学用书》第二课。

【教材分析】

本课主要是通过讲授景物描写的技巧方法，使学生学会观察生活中的景物并形成优美的文字。技巧方法主要围绕感官描写法、寓情于景法展开。同时鼓励学生发挥想象力突破眼前的实景，达到虚实结合，从而增强艺术效果，凸显写作的魅力。

【适用班级】

校园文学中级班。

【教学目标】

1. 知识与能力：探讨景物描写的方法，提高观察力和想象力。

2. 过程与方法：运用景物描写的方法，进行景物描写的训练。

3. 情感态度价值观：培养学生用"有情"的眼睛看景物，激发学生热爱自然、热爱生活的情感。

【教学难、重点】

学会对景物进行生动的描写。

【教学准备】

多媒体课件，电子笔。

【教学时间】

1课时。

【教学过程】

一、导入

师：大家好，本堂课的教学内容是"如何让文字变得生动"。法国艺术大师罗丹曾说，生活中不是缺少美，而是缺少发现美的眼睛。如果让你身处图中的场景，你脑海中会想到什么？

（老师展示图片）

甲生：我会想到"落霞与孤鹜齐飞，秋水共长天一色"。

乙生：我会想到《岳阳楼记》里的"上下天光，一碧万顷"。

丙生：好多水，好多鸟。

师：看来每个人想到的都不一样，甲生和乙生想到的是古人优美的诗句或者是某种人生境界，而丙生看到的是好多水、好多鸟。那你们觉得哪一种描述更形象生动且富有美感呢？

全体同学：甲生和乙生。

师：是的，像"落霞与孤鹜齐飞，秋水共长天一色""上下天光，一碧万顷"这些形象生动的语言更能给人以美的享受。如何让语言变得形象生动就是我们这堂课要解决的问题。刚好老师的一个朋友最近要来长沙旅游，让我向他介绍一下长沙的四季美景，老师已经写好了夏季的，大家看一下。（老师展示）

例：黄梅成熟的季节，家家户户都被烟雨笼罩着。静下来听，那片凑趣儿的挨挨挤挤的荷叶深处传来"咯咯咯……呱呱呱……"，这是蛙儿们在开音乐会呢。

师：在这段话中，老师是从视觉、听觉、触觉哪个角度来描写夏日荷塘的呢？又运用了什么修辞方法？我想请同学来说一下。

甲生：老师在这段描写中用了拟人和比喻，分别从听觉和视觉的角度来描写。

师：嗯，这位同学说得很好，那现在请同学们赶紧拿起笔仿照老师的写法，来写一写长沙四季的美景吧。

二、写作实践

师：看来在座的同学都有一双善于发现美的眼睛，每个人眼中的长沙都有它独一无二的美，老师请几位同学来说一说他们是怎么描写长沙四季美景的。

甲生：春天的长沙像一个花枝招展的小姑娘，分外惹人喜爱。岳麓山上游人如织，橘子洲头百花争艳。

乙生：秋天的长沙最吸引人的要数岳麓山的红枫了，微风拂过，翩翩起舞的枫叶仿佛一只只热情的小手在招揽游人驻足观赏。

丙生：冬天的长沙，路上的行人包裹得像个大粽子。原本绿意满眼的岳麓山，此时都收敛了它的绿裙装，换上了朴素的灰布衣服。

师：刚才这几位同学都写得很好，但好在哪里，谁能够说说？

丁生：甲将春天的长沙比作花枝招展的小姑娘，生动有趣；乙将飘舞的枫叶比作小手也很形象；丙笔下的岳麓山换下绿裙装是用的拟人手法。

师：这位同学总结得非常好。这堂课老师主要教大家的就是有意识地运用技巧让写景文字变得形象生动。

板书：

1. 综合运用视觉、听觉、触觉等多种感官。

2. 比喻、拟人等修辞手法。

师：接下来，我们来玩一个填字游戏，想一想作者是从哪些角度出发来描写的，应该填哪个字。填完后我请同学站起来大声朗读。

 填一填

水晶帘动微风起，满架蔷薇一院（香）。　小楼一夜（听）春雨，深巷明朝卖杏花。

沧海月明珠有泪，蓝田日（暖）玉生烟。　　梅须逊雪三分（白），雪却输梅一段香。

参考选项：照　暖　听　香　白　飞

师：最后老师想提醒同学们一点，"一切景语皆情语"，这句话告诉我们，写景的终极目的是表达感情，情景结合是景物描写的关键所在。想必这堂课大家都有所收获，希望大家以后在进行景物描写的时候能灵活地运用今天所学的小技巧。

三、课后作业

"春有百花秋有月，夏有凉风冬有雪。"一年四季，每个季节都有独特的景致。选择你最喜欢的一个季节，以"我爱____季"为题，写一篇不少于500字的作文。

【教学反思】

本课的亮点有以下几点：理论结合具体实例，引用长沙四季的美景，生动又贴合生活实际，便于学生逐一分析理解；充分发挥学生对课堂的主导作用，让学生写，教学生写，互相点评，共同进步；采取游戏的形式，比如出一句诗词让学生猜或者让学生完成诗词填空，引用古诗词引导学生对景物描写的方法产生感性的认识，然后再通过举例分析进行理论归纳。

本课的不足之处有两点：第一，学生的结论并不完全是自己思考所得，而是由老师半引导半灌输，所以学生对写作的方法技巧体会不深，应用不灵活；第二，游戏环节耗时太多，影响了课堂的整体节奏。

《不滴漆的漆刷》通用技术教学设计

长沙市少年宫　龚树梁

【教学内容】

《中小学科技（中级）教学用书》第四课。

【教材分析】

本课主要是解决刷漆时油漆沿毛刷倒流的问题。引导学生通过发现生活中的问题，用工程技术的手段把想法变成现实，理念与实践相结合，边思考边动手，增加学生的学习兴趣。前三课的学习让学生有了一定的思考和动手能力，能主动思考，总结自己的创意和想法。

【适用班级】

通用技术中级班。

【教学目的】

1. 掌握不滴漆漆刷的制作方法，理解其原理。

2. 使学生善于发现生活中的实际问题，并主动思考解决方法。

3. 引导学生观察、归纳问题，通过本课的学习，提高综合应用知识的能力。

【教学难、重点】

不滴漆漆刷的制作原理。

【教学准备】

PPT 课件，工具（A4 卡纸、热熔胶、剪刀、透明胶）。

【教学时间】

2 课时。

.

【教学过程】

第一课时

一、激发兴趣，导入新课

播放 PPT，老师展示并解说两个科技创新获奖作品。

作品 1：节能自动滴灌装置。

作品 2：遥控收球装置。

通过提问的方式引导学生思考问题。

师：在展示过程中，你观察到这两个装置是运用了什么原理吗？你认为它们的创新点是什么？

学生举手回答。老师总结学生回答的情况。

二、联系生活实际，认识传统漆刷的不足

播放 PPT，老师展示两张装修工人刷漆的图片。

师：我们知道房屋装修很关键的一步就是刷漆，刷漆工艺的好坏直接决定了房屋的美观程度。琪琪发现了一个问题：刷漆常用的工具是毛刷，油漆工人在用毛刷刷漆时，油漆容易沿毛刷倒流，滴落在手上、衣服上、地板上。

三、开动脑筋，想办法解决问题

师：同学们，你们能否帮琪琪解决这个问题，开动脑筋想一想，有什么简单的办法可以解决刷漆时油漆沿毛刷倒流并滴落的问题呢？

同学们思考。

师：哪个同学想到了好的办法，和大家说说？

逐一让学生充分表达自己的观点，老师总结学生回答的情况。

师：老师也想到了一种解决的办法，（播放 PPT）在传统漆刷的手柄中部、刷毛的上方，粘贴一个用于挡住油漆滴落的隔离套，这样可以避免在刷

漆时油漆沿毛刷倒流。同学们想想看，这样行不行？

生：行！

师：请同学们把上次课后老师要大家准备的工具和材料拿出来，和老师一起动手做一做吧！

老师查看学生准备的工具，并要求摆放整齐，表扬准备齐全的学生。

四、制作不滴漆的漆刷

师：同学们在学习数学的时候，都有学过扇形，现在大家还记得扇形是什么形状吗？

老师在黑板上草绘扇形。

师：我们今天制作不滴漆漆刷的第一步，就是用剪刀将 A4 卡纸裁成扇形。现在请同学们拿出工具和材料完成第一步。

老师查看学生的制作情况并指出相应的错误。

师：扇形的大小要根据漆刷的大小来确定，首先把扇形尽量剪到最大，再慢慢进行调整，剪到合适的大小。

老师继续检查学生的制作情况并指出问题，解决学生提出的问题。

师：休息 10 分钟后我们继续来探索。

第二课时

一、继续制作不滴漆的漆刷

师：现在开始上课，我们继续完成制作不滴漆漆刷的第二步：用透明胶将裁剪好的纸板粘贴好，并调整其大小和位置。

老师查看学生的制作情况并指出相应的问题。

师：同学们都完成得很好，接下来的第三步是将粘贴好的纸板套在毛刷上，调整好位置，用热熔胶固定。

老师在讲台上演示，学生观察。

师：首先把纸板套在毛刷上，调整好相应的位置，右手拿起热熔胶枪，把胶打在纸板的底部，将纸板和漆刷手柄固定在一起，在固定处纸板的里外各打一层胶，这样油漆就不会从这里漏出来了。

师：通过老师的演示，同学们都会了吗？

生：会了。

师：现在同学们把胶枪通电，开始动手制作完成第三步。

二、检查反馈制作情况

老师逐一查看学生的制作情况并指出相应的问题。

师：同学们做得非常好，这样一个不滴漆的漆刷就做好啦！

三、课堂小结

师：请同学们把自己做的漆刷和同桌交换试用一下，分享一下自己成功的喜悦，并指出你认为对方制作得不好的地方。

学生讨论。

师：这节课你学会了什么？

学生各自发言。

师：今天我们学习了制作不滴漆的漆刷，解决了生活中的一个实际问题，请大家回家后拿给爸爸妈妈试用一下，分享你的收获。

师：老师看看谁的桌面最整洁，最整洁的同学记一面小红旗。

学生迅速整理，收拾好工具和材料。

师：在生活中你还发现了哪些问题，请你想想解决这些问题的办法，把你的创意写下来，下次上课时交给老师。

【教学反思】

课堂导入是教学很重要的一个环节。俗话说，好的开始是成功的一半。富有科技性、创造性的导入，能让学生主动地进入学习新知识的状态，激发学生的学习兴趣和未知欲望，乐于学习。

教学过程中，应充分调动学生的主动性，让学生主动思考、自主探究，摆脱被动接受的局面。只有在被激发了兴趣和求知欲望之后，学生的主动学习才能在课堂中达到最佳效果。

部分学生的理解能力不是很突出，在整个教学过程中，老师应多进行示范。示范教学能让学生更快地了解技术的要领和方法，有效地提高学习效率。

《"手腕的魔法"——轮奏技巧》阮专业教学设计

长沙市少年宫　胡玲好

【教学内容】

《中小学中阮（初级）教学用书》第十二课。

【教材分析】

本课主要讲解最基础的几种轮奏，如何训练轮奏技巧，如何通过小乐曲来练习轮奏。

【适用班级】

中阮中级班。

【教学目的】

1. 掌握轮奏的正确演奏姿势。

2. 了解轮奏的多种分类，学会弹奏小轮、长轮、短轮。

3. 通过演奏轮奏乐曲提升学生学习阮专业的兴趣。

【教学难、重点】

难点：轮奏的密度和速度。

重点：小轮的学习。

【教学准备】

黑板，阮。

【教学时间】

1 课时。

【教学过程】

一、引入

师：同学们好，下面老师将用两种不同的方式来演奏同一段旋律，待会儿请告诉我你更喜欢哪种。请听第一种（教师演奏）。还是同一条旋律，请听第二种演奏方式（教师演奏）。

师：刚才老师的两种不同演奏方式，大家更喜欢哪一种呢？

学生各自发言。

师：同学们喜好不一，老师也很难抉择。第一种奏法是运用了我们之前学习过的弹挑演奏方式，第二种奏法则加入了一种新的技巧——就是今天我们要学习的轮奏（板书：轮奏）。轮奏就是快速弹挑，它包含小轮、长轮、短轮等，它像神奇的魔法师，可以使旋律更具线条感，让音响效果更为丰富。让我们一起来学习吧！

二、教授新课

师：今天我们首先要学习的第一个轮奏技巧——小轮（板书：小轮）。小轮在演奏中起到闪烁点缀的作用，通常在一拍中完成，演奏时要求右手触弦果断，奏出密集短促的音型。我们在练习小轮时需注意两肩、手肘、手腕都要保持放松的状态，拨片触弦角度与琴弦尽量保持 45°，手腕的上下摆动幅度不能过大，弹和挑的力度应保持均衡。

师：老师现在进行演奏，你们听听小轮的演奏特点，请听（示范）。老师弹挑了几次？三次，对了，这就是小轮中的三小轮。再听（示范）。几次？五次，这就是五小轮。再听（示范）。这是几小轮呢？对的，七小轮。刚才我弹的是三、五、七，全是单数，这个叫作单数小轮（板书：单数小轮三五七）。

师：此外，还有一个相对应的双数小轮（板书：双数小轮四六八），双数小轮则是相对应的四小轮快速弹挑四下、六小轮快速弹挑六下、八小轮快速弹挑八下。接下来，请同学们先跟老师一起来练习，然后再自由练习。

老师示范后由学生自由练习。老师检查学生练习情况，并指出相应的问题。

生：老师，既然有七小轮、八小轮，那有没有十小轮、十五小轮、二十小轮呢？

师：这位同学问得非常好，像十小轮、十五小轮、二十小轮这样更多次数的快速弹挑就是接下来我们要学习的长轮技巧。长轮通常是两拍以上的快速弹挑（板书：两拍以上快速弹挑），它不像小轮一样有单双数的限制，而是根据节奏时值的长短可以有无数次的快速弹挑（示范）。有时一整段音乐都是由不间断的长轮演奏出来的，长轮的旋律性、线条感较强，适合表达富有歌唱性、舒缓细腻的音乐，同学们把小轮练好后，学习长轮就容易啦。

师：那么，有长轮也有短轮，长对应短，请大家再仔细听听这个短轮的速度是怎么样的，是快还是慢？

学生回答。

师：是的，短轮的特点是指连续快速地弹挑，通常在四分音符或二分音符等乐句中使用。

三、课堂分组交流练习

师：刚才我们简单学习了三种不同的轮奏，有小轮、长轮。接下来，请同学们分成三组，第一组的同学请先来演奏小轮，第二组的同学请演奏长轮，第三组同学演奏短轮，两分钟后各组进行交换。每组组长不仅自己要认真练好，还要多关注组内其他同学的练习情况，同学们之间也可互相交流、互相帮助，共同进步。

老师检查学生练习情况，并指出相应的问题。

师：小轮组的同学在练习时的速度密度不够，就变成了普通的弹挑，还需课后多加练习。

师：长轮组的同学在演奏时只运用手臂是不对的，演奏时间久了手臂容易僵硬，会降低轮奏的质量，轮奏时主要是运用手腕来带动拨片发出声音。

师：短轮组的同学在轮奏时要注意，"弹"的动作相对较为简单，在练习"挑"时易造成音量上的差异，造成"弹重挑轻"的音响效果，所以在练习时要多关注"挑"这个音，注意音响音色的统一。

四、综合运用

师：刚才我们学习了几种轮奏，现在我们用一首乐曲来练习一下，这是一首校园乐曲，它已经在我国流行了一百多年，你们想一起学习吗？

生：想！

师：好的，让我们一起来品味这段经典旋律吧（老师弹奏《送别》）。同学们，这首歌曲是一百多年前新式学堂中的歌，我们称它为学堂乐歌，今天我们就来学习这首《送别》。

师：刚才老师弹奏的乐曲大家能听出来是几拍子吗？它的速度和力度是怎样的？

学生回答。

师：概括来说就是四四拍、中速稍慢、中弱，请大家再次听《送别》，注意歌曲的特点和情绪。

师：谁来说说歌曲的特点和情绪？

学生回答。

师：说得很正确，这首歌曲的特点就是旋律平缓悠长、凄美柔婉，节奏也比较简单，表达李叔同与友人分别时的离愁别绪，以及对友人依依不舍的思想感情。这首歌曲的情绪是忧伤、惆怅、深情的。

师：好，那么接下来大家与老师一起学习弹奏这首乐曲吧。

1. 老师领唱一遍歌曲。

2. 学生合唱一遍歌曲。

3. 老师示范弹奏。

4. 学生自由练习。

5. 学生跟着老师一起弹奏，老师纠正学生弹奏错误的部分。

五、兴趣提升

师：老师发现大家掌握得还不错，接下来老师想给大家欣赏两段更高难度的轮奏乐段。首先，请听林吉良老师编写的《石林夜曲》中的选段（演奏）。接下来，请大家听听第二段旋律，出自宁勇老师编写的中阮著名乐曲

《丝路驼铃》中的选段，请欣赏（演奏）！

师：刚才老师弹奏的这两段旋律好听吗？等大家熟练掌握小轮、长轮这两种最基础的轮奏技巧后，老师就可以教大家更好听的轮奏乐曲啦！

【教学反思】

兴趣是学生学习器乐的根本动力和喜爱乐曲的必要前提，教师在教学时要运用多种教学方法激发学生学习的兴趣。本堂课中，教师通过演奏比教学内容更高难度的《石林夜曲》《丝路驼铃》的选段，让学生真切地感受到轮奏乐曲的魅力，从而引发强烈的学习兴趣。器乐课其实就是技能培养课程，当课堂上的轮奏技巧机械式地训练过多时，学生容易感到枯燥乏味，此时可在教学中适当增设一些游戏，创设情境。游戏既能活跃课堂气氛，又能缓解学生的枯燥感，使学生在轮奏乐曲时能够更好地表达音乐的情感。

《不一样的电路连接》通用技术教学设计

长沙市少年宫　姚佳

【教学内容】

《中小学科技（初级）教学用书》第十三课。

【教材分析】

通过前几节课的学习，学生积累了一定的简单电路的基本知识，能够进行简单的电路连接，为本课的学习打下了基础。本课的主要内容为小灯泡和电池的并联。本课内容通俗易懂，是简单电路知识的延伸与拓展，有助于提高学生的动手能力和思维能力。

【适用班级】

通用技术初级班。

【教学目的】

1. 掌握并联电路的连接方法，探究并联电路电压的特点。

2. 尝试用不同的方法连接电路，并在反复观察和实验中发现不同连接方式的特点。

3. 乐于交流自己的观点。

4. 了解科学技术在我们生活中的应用情况，感受科学在改变着人们的生活。

【教学难、重点】

1. 重点：能运用串联和并联两种不同连接方法组成电路。

2. 难点：用电路元件连接并联电路；对电路中灯泡明暗根本原因的分析。

【教学准备】

多媒体课件，实验记录单，灯泡，串联视频，电池，并联视频。

【教学时间】

1 课时。

【教学过程】

一、生活化情境导入，激发学习兴趣

师：圣诞树上的彩灯串和广告牌上的若干彩灯，若它们之中各有一个彩灯坏了，其他彩灯会有什么变化呢？

甲生：两种都没有其他的变化。

乙生：两种其他的灯都不能亮。

丙生：圣诞树上的彩灯不亮，广告牌上的能亮。

丁生：圣诞树上的彩灯能亮，广告牌上的不亮。

师：刚才听了同学们的答案，答案各不相同，有正确的，也有错误的。现在由老师出示实例，看看和哪几位同学的答案一样。

老师展示圣诞树彩灯、广告牌彩灯图片，验证学生猜想结果。

师：为什么会出现两种情况呢？它们分别是什么连接方式呢？前面一节课我们学习了串联电路的连接方法，今天我们就来学习电路的另一种连接方法——并联。

二、共学探究：两个小灯泡的不同连接方式

师：我们已经知道了电路的串联，那么现在我们把小灯泡串联和并联一起分析一下吧。

老师出示任务要求：将两个小灯泡用不同的方法连接后，用一节电池将它们点亮，比较哪种连接方法能使小灯泡更亮。

小组合作，实验探究：分配实验员、记录员、观察员、小组长，各司其职，自主探究串、并联方式对小灯泡亮度的影响。

小组派代表汇报交流实验结果：并联时灯泡更亮。

师：大家已经完成了实验，我们可以发现，并联时小灯泡更亮，并且每个并联的小灯泡亮度一致，所以在并联电路中，小灯泡两端的电压是相等的。

老师用微课视频演示、讲解串联和并联。

师：为什么并联的时候灯泡会比较亮？

甲生：因为并联时，灯泡两端的电压高一些。

乙生：因为并联时灯泡的电流大一些。

师：前面我们学过电池的串联，从电压变化的角度看，不同的连接方法是造成灯泡亮度不同的原因。一节电池的电压是 1.5V，小灯泡串联时，一节电池的电压平均分给了两个小灯泡，每个小灯泡两端的电压就是一节电池电压的一半，就是 0.75V。小灯泡并联时，两个小灯泡两端的电压和电池的电压相同，为 1.5V。所以小灯泡并联时，两端电压相等，亮度不变。

三、实验探究：两节电池的不同连接方式

师：现在我们已经知道了小灯泡的串、并联及其现象。那么电池串、并联起来又是怎样的呢？我们一起来探究吧！

老师出示任务要求：将两节电池用不同的方法连接后点亮一个小灯泡，比较哪种连接方法能使小灯泡更亮。

小组合作，实验探究：分配实验员、记录员、观察员、小组长，各司其职，自主探究电池的串、并联方式对小灯泡亮度的影响。

小组派学生代表汇报实验结果：电池串联时灯泡更亮。

老师用微课视频演示、讲解电池串联和电池并联。

师：前面学过了电池的串联，我们知道电池串联后，从电压变化的角度，一节电池的电压是 1.5 V，串联电池的电压等于两节电池电压之和，为 3 V。小灯泡两端的电压等于两节电池电压之和，就是 3 V。并联电池的电压等于一节电池电压，为 1.5 V，小灯泡两端的电压就是 1.5 V。所以，电池串联的小灯泡亮，电池并联的小灯泡暗。而在现实生活中，为了节约能源，在正常情况下我们都将电池串联起来使用。所以电池并联时，小灯泡变暗。

老师板书：在并联电路中电压相等。

四、研学拓展

1. 学以致用，解决课前问题：圣诞树彩灯和广告灯牌彩灯分别采用哪种连接方式？

师：现在请同学们分别把两个小灯泡串联和并联，并从灯座上取下另外一个小灯泡，观察没被取下的小灯泡发光情况。

甲生：我的怎么不亮了呢?

乙生：我的还能发光呢!

师：那你们的小灯泡属于哪种连接方式呢?

甲生：我的是串联的。

乙生：我的是并联的。

老师再次展示 PPT 上圣诞树彩灯和广告灯牌彩灯的图片。

师：所以我们可以从图片上得出它们两种属于哪种连接方式呢?

生：圣诞树小彩灯属于串联，广告灯牌彩灯属于并联。

2. 拓展延伸，安全用电知识。

老师展示 PPT 上的图片"在家里出现这些情况后电器不能继续使用了"。

五、课堂小结

师：这堂课同学们都非常积极地参与到探索学习中，现在请谈谈你的收获。

学生分别谈收获。

师：通过反复实验，我们了解了并联电路电压的特点。在并联电路中，电压有什么特点? 你们知道了吗?

生：知道啦! 在并联电路中，小灯泡两端的电压等于电源的电压。

师：灯泡并联，灯泡更亮。（再播放一遍视频）

师：电池串联，灯泡更亮。（再播放一遍视频）

师：科学来源于生活也服务于生活，相信同学们能用自己的所学解决生活中的问题，让生活变得更美好!

【教学反思】

在本课教学中，通过融入之前学习过的串联电路知识，与本课所学的并联电路形成一个对比，效果明显。利用探究的教学方法，让学生自主学习，真正地做到了以学生为主、教师为辅。利用简单的实验器材让学生自己连接电路，动手操作，通过教师提出的问题，学生自主探究，总结出串联与并联电路的特点。通过实物电路和简单问题的探究，使学生知道串、并联电路在实际生活中的应用，激发其求知欲和研究身边事物的兴趣。本课教学设计合理，循序渐进，以学生为主体，鼓励、激发学生探知欲，但也存在一些不足，如前期准备不够充分，实验时间过长。总之，在今后的教学中，多向优秀教师学习经验，以应对教学中的各种问题，改进教学中的不足。

《音乐大师课——演奏乐曲时如何提高音乐的表现力》扬琴教学设计

长沙市少年宫　唐　昱

【教学内容】

《中小学扬琴（初级）教学用书》第17～22页。

【教材分析】

对于初学者来说，乐曲《喜讯》第一次开启了他们对音乐表现力的认知。这首乐曲不仅综合了本教学用书中所学的单音、双音、定数轮音、连竹等技巧，同时也是本书中最具有音乐表现力的一首。

【适用班级】

扬琴初级班。

【教学目的】

1. 通过分析郎朗的视频，让学生直观地了解提高音乐表现力的五个外在因素和一个内在因素，同时指导学生运用模仿的学习方法来解决问题。

2. 指导学生在演奏乐曲《喜讯》中如何提高音乐的表现力。

3. 通过了解郎朗的学琴经历，引导学生学习在追求艺术的道路上锲而不舍、持之以恒的精神。

【教学难、重点】

提高音乐表现力的五个外在因素。

【教学准备】

视频，多媒体课件，扬琴。

【教学时间】

1课时。

【教学过程】

一、视频情境导入

（播放郎朗 13 岁时参加柴可夫斯基国际青年钢琴大赛的视频）

师：请同学们说出视频中给你留下最深刻印象的是什么？

生：郎朗丰富的表情、肢体语言。

师：同学们观察得很仔细，视频中郎朗在演奏时的表情、肢体语言都是提升音乐表现力的重要因素，那么除了这两个以外，还有其他因素吗？

（引出今天的课题《音乐大师课——演奏乐曲时如何提高音乐的表现力》）

二、新课教学

（再次播放郎朗演奏视频）

1. 提升音乐表现力的外在因素。

师：观察郎朗在演奏第一句时的肢体语言，他运用了抬头的动作表示乐曲开始的呼吸，又用抬手臂的动作表示换气。其实呼吸表现的就是一个乐句的开始和结束，是提升音乐表现力的一个外在因素。

师：观察郎朗的第二乐句的演奏，旋律从柔和、平缓、抒情过渡到有力量的低音和大量三十二分音符组成的旋律，发生了速度和力度的变化，这就是提升音乐表现力的另外两个外在因素。

（展示课件：郎朗教你提升音乐表现力的五个外在因素——表情、肢体语言、呼吸、力度的变化、速度的变化）

师：知道了提升音乐表现力的五个外在因素，那么我们怎样才能做到呢？请大家回想视频中郎朗是怎么说的呢？从视频中我们看到郎朗的方法是模仿，模仿是最直接最有效地提升音乐表现力的方法。

师：如何将提升音乐表现力的五个外在因素运用到我们学习的曲目《喜讯》中？以引子乐句为例，运用模仿的方法，请同学们仔细观察老师的示范演奏。

（老师示范演奏）

师：老师已将全曲演奏的视频发到学生群里，请同学们在家自行模仿练习。

2. 提升音乐表现力的内在因素。

师：请继续观看视频，再看看郎朗是怎么说的。

生：郎朗在演奏时将对母亲的思念带入乐曲的演奏中。

师：这就是提升音乐表现力的内在因素——演奏乐曲时将自身的情感带入到乐曲演奏中。

3. 郎朗的学琴之路。

师：大家知道郎朗当时为什么会非常想念他的妈妈吗？郎朗从 9 岁开始，就被已辞职的爸爸带去北京中央音乐学院附中学习钢琴。当时他和爸爸租住在地下室，而妈妈在老家沈阳赚钱，负担当时他高昂的学费和生活费。事实上，我们在感叹音乐家高超的技艺的同时，更应该学习音乐家在追求艺术的道路上锲而不舍、持之以恒的品格。

三、结束语及课后拓展

师：本节课的内容就是这些，让我们用郎朗的话来结束本节课。

我们的使命，就是传达和分享——在心灵深处所体会到的音乐的愉悦，你需要分享这一切，并且把它传达给其他人，让所有人都能享受到，你在音乐中所感受到的一切。

课后拓展：课后请学生查阅相关资料了解郎朗的学琴之路。

四、课后反思

本节课采用观看视频的方式引导学生在演奏乐曲时提升音乐表现力，同时运用到乐曲《喜讯》的演奏当中。提升音乐表现力是学生学琴道路上最难攻克的一个难题。音乐表现力是由身体语言、气息、乐曲结构、情感等共同组成，需要老师通过各种手段进行引导，观看演奏家的视频是将听与看相结合的一种方式，也是最直接有效的方式。之后还需要在音乐知识、乐曲欣赏、积极实践等多方面给予学生更多的空间，使学生从模仿逐渐过渡到自行分析、思考并进行表达。

《C调第一把位学习》二胡教学设计

长沙市少年宫　李崇博

【教学内容】

《中小学二胡（初级）教学用书》（上册）。

【教材分析】

C调是自编教学用书中一个音阶教学知识点，它细分为内弦音阶和外弦音阶两部分。本课为音阶教学，主要内容是内外弦音阶练习。

【适用班级】

二胡启蒙班。

【教学目的】

1. 能了解 C 调音阶音程关系，知道半音的位置。

2. 能完整掌握 C 调一把位音程特点，参与演奏。

3. 能掌握 C 调音阶，并且能自信大胆地演奏。通过鉴赏、体验等方式，感受 C 调音阶位置图特点；通过反复练习，体验 C 调音乐第一把位音位图，准确把握音阶位置。

4. 在音阶教学中，运用新课改的理念结合学生的知识构建和心理特点，从音阶的特点、练习曲音乐的元素、情感的体验等多个方面提升学生的审美能力与艺术实践。

【教学难、重点】

运用新课改的教学方式引导学生并了解 C 调二胡相关乐曲，运用聆听、鉴赏、模仿等多种体验手段让学生充分感受 C 调音阶特点。

【教学准备】

二胡，钢琴，多媒体视频。

【教学时间】

1课时。

【教学过程】

一、乐曲体验，引入教学

师：同学们好！请和老师一起来看一个乐谱，并试着一起演奏一遍。

老师出示G调《欢乐颂》乐谱，师生一起演奏。

师：请问你是用二胡的哪个调演奏的呢？这是以前学过的G调《欢乐颂》，现在请你看"乐谱2"（C调《小刺猬玩气球》），现在老师演奏一遍，你能看出有什么不同吗？

二、新课教学

1.初听音乐，感受C调。

引导学生了解：辨别乐谱有什么不同，是用C调演奏的。

老师向学生提问，学生回答。

师：是的，老师刚刚的演奏运用的是C调。今天，让我们一起来感受二胡的魅力，现在我们一起开启C调之旅吧！（出示课题）

2.PPT展示学习，了解C调相关知识。

师：请大家看到大屏幕上的关于C调第一把位的音阶图，让我们一起在学习中寻找音阶的位置。（播放PPT）

3.聆听学习，C调第一把位内弦音阶练习。

师：当乐谱上标注1＝C的时候，我们就用2（re）、6（la）弦来进行演奏。内弦的D音是C调的2（re）音，外弦的A音是C调的6（la）音。演奏C调空弦就是2（re）、6（la）。（钢琴弹奏，唱出音名）请你找找C调音阶内弦半音位置。

生：在内弦一、二指上。

师：是的，我们先来聆听钢琴上半音的感觉，用la音跟老师一起模唱一

遍（老师和学生一起模唱）。唱得不错，现在老师想邀请大家一同在二胡内弦上感受一下，演奏试一试。（第 56 页，练习 1）

师：刚刚大家演奏内弦 3（mi）、4（fa）的时候，半音的位置在一、二之间，手指粗细均匀，两指靠拢演奏即可。在其他调式中，如降 B 调的音阶中，半音位置是在三、四指演奏，但是手指粗细不一，手指靠拢程度也会不同。所以手指靠拢的紧和松之间的微妙变化，根据不同调式会有微调，演奏中小耳朵要管用，要多听一听哦。

师：现在回到 C 调，我们一起来演奏内弦的音阶，三指的演奏自然打开就行了。刚刚演奏音准还不错，在演奏中运弓要更平稳，这样是不是会更好听呢？让我们翻到书本第 56 页，一起来试一试练习 1。

老师数节奏，带学生演奏练习曲。

4. C 调第一把位外弦音阶练习。

师：刚刚大家演奏内弦演奏得很好，找找外弦的半音 7（si）和 1（do）位置在哪？也是一、二指，那我们用同样的方法一起试一试外弦的练习。（第 57 页，练习 1）

师：演奏得还不错，三指的指距与一、二指不同，自然打开三指找准位置。我们一起试试三指位置，听听它的音高。在演奏中要注意拉弓的方向，把弓子拉平声音会更动听。

老师数节奏，带学生演奏外弦音阶。

5. 乐曲演奏——《小刺猬玩气球》。

师：大家已经基本掌握了 C 调第一把位内外弦音阶，我们试着演奏乐曲《小刺猬玩气球》。

师：看看乐谱，找出你认为的难点和乐曲中出现的半音，用红笔标注出来。

老师检查，找出学生难点。

师：看到同学们的标注，难点是第 2 小节。这个小节带有四分音符休止符，我们一起唱一唱。用二胡一起演奏试试，注意控制运弓的速度。

学生练习。

师：通过自由练习，你们感受到了《小刺猬玩气球》这个乐曲情绪是怎样的呢？

生：欢快的。

师：在演奏欢快的乐曲时，运弓有什么要求呢？

师：对的，需要用二胡中弓演奏，运弓拉平，就像之前演奏《新年好》小乐曲一样。

师：在演奏中找到这些规律，可以通过有变化的各种节奏点，调整运弓的长短来表达乐曲的情感。带上这些要点，再练习一下吧。

师：要注意一、二指的指距关系，注意节奏、音准与左右手运弓的配合。

三、合作体验

师：大家有没有发现，我们刚刚的演奏已经比较流畅？现在我将大家分成 4 组，每一组演奏一个乐句，用接龙方式，把这段音乐串联起来，完整地展示 C 调乐曲的演奏。待会请大家评价，哪个组演奏得最好？

生生互评。

师：刚刚的演奏配合默契不错，但还不够熟练。

师：愉快的时间总是很短暂，大家能把一个 C 调乐曲完整流畅地表现出来，已经很不错了，掌声送给你们，但是台上一分钟，台下十年功，想要拉好二胡，还需要课后勤加练习。

师：艺术源于生活，二胡属于中华民族传承的乐器，我们作为中国人，应该更好地去了解、去发现、去保护、去弘扬它，因为民族的就是世界的。最后希望大家每一节二胡课都充满欢乐！谢谢！下课！

【教学反思】

在器乐启蒙集体课程的教学中，需要运用新课改的核心理念，尊重学生作为生命个体的全面发展，构建高效课堂。就二胡启蒙教学课堂来说，要构建高效课堂就要改变以往单纯的知识灌输，关注学生获取知识的过程，关注学生学习过程中的情感体验，关注学生作为生命个体在知识、技能、情感上的全面发展。这是对传统教学的全面改革。那么，如何来构建二胡启蒙教学的高效课堂呢？对此，我有如下几点体会：

第一，激发学生的学习兴趣。俗话说"师傅领进门，修行靠个人"。要想在教学中高效地开展二胡教学，我认为关键在于"乐学"——要乐于学习。学什么、怎么学，是首要问题。二胡的教学中首先是"我要学"。那么，怎样让学生拥有"我要学"的强大动力，而不是把这种学习作为额外的负担和任务，我认为"兴趣"二字尤为关键。为此，我们在教学中要重视二胡课堂中情感因素的挖掘，改变以往枯燥的教学模式，激发学生内心强烈的求知热情，调动学生参与学习的主动性与进取性。

第二，用优美音乐感染学生。音乐是一种抒情性极强的艺术形式，以力度的强弱、旋律的起伏以及节奏的抑扬顿挫来让学生获取更为丰富、直观而生动的感受，带给学生以美与趣。如学习《C调第一把位的学习》一课时，用一段耳熟能详的《欢乐颂》部分旋律引入，以熟悉而动听的音乐来激发学生学习的兴趣。

第三，生动画面吸引学生。图片形象直观，将图片灵活地运用到课堂教学中，贴合小学生以形象为主的思维特点，不仅能够激发学生的学习兴趣，而且能引发学生的想象，让学生从直观的画面中获取更多的感性信息，这样更能实现学生对乐曲的深层次理解与感悟。如在学习《C调第一把位的学习》一课时，教师能够收集二胡音位图做成PPT，在课上直观而动态地展示给学生，将学生带入优美的意境中。这样的学习是欢乐而自在的，是学生所喜爱的。

总之，要构建高效二胡启蒙课堂就要摒弃传统的教学观念与教学模式，将新课标所提出的全新教学理念与教学思想运用于教学实践中，对教学进行全面改革，以学生为中心，构建开放的教学环境，愉悦的教学氛围。这样才能激起学生参与学习的主动性，丰富学生的情感体验，让学生得到知识与技能、过程与方法、情感态度与价值观的全面发展，实现高效课堂的构建。

《小桥流水》声乐教学设计

长沙市少年宫　周雅洁

【教学内容】

《中小学声乐（初级）教学用书》第十课。

【教材分析】

《小桥流水》是《中小学声乐（初级）教学用书》中收录的歌曲，是一首著名的江南民间歌曲，由孟庆云作曲、黎中填词，是一首速度适中、旋律优美悦耳的经典歌曲。这首歌曲一出现就被广大的听众所喜欢和传播，歌曲中每个乐句表达的情感逐渐递进加深，整首歌曲的歌词运用抒情赞叹的方式，歌颂了对家乡小桥流水人家的喜爱之情，呼吁大家能够拿出自己的真心去感受生活点滴，真正做到热爱生活、热爱自己的故乡。因此，这是一首很适合教授给学生的歌曲。通过这首歌曲的教学促进学生保持积极向上的精神状态，培养学生正确的情感价值观和人生态度。

【适用班级】

声乐　　班。

【教学目的】

1. 知识目标：帮助学生学会歌曲的旋律和理解歌词的含义，并且学会一些简单的乐理知识。

2. 技能目标：通过学习本堂课的内容，学生能够比较完整地演唱歌曲，并且积极地参与和完成老师安排的课堂教学活动。

3. 态度目标：提升学生对音乐的兴趣和探索欲望，启发他们将音乐与生活结合起来，并且培养他们的欣赏能力。

【教学难、重点】

1. 重点：学生能够和老师相互配合来完成整首歌曲的演唱。

2. 难点：培养学生的音乐审美以及对音乐的感知和把控能力。

【教学准备】

多媒体课件，音乐教学用书，小桥流水的图片和音乐素材等。

【教学时间】

1课时。

【教学过程】

一、视频情境导入

师：亲爱的同学们，很高兴又和大家在课堂上见面了。今天在上课之前，老师想带着大家一起来看一些非常美丽的图片。

老师展示图片，同学们进行观看。

师：现在图片展示完了，老师想给大家提出一些简单的问题。大家知道这些图片中出现的画面是在哪里吗？大家最喜欢的是图片中的哪个景观呢？请说出自己的理由。

生：我不知道图片中的地方是哪里，但是我觉得这些景色真的是太好看啦！我最喜欢小船和溪水，好想去那里的溪水中欢乐地划船呀！

师：嗯，老师能够从同学们的话语当中感受到大家对于这些景物真的是非常喜欢。其实图片当中出现的最多的景观就是小桥流水，这些景物在江南是很常见的，生活在这些环境当中的人们还专门为这样的景色创作了一首非常动听的歌曲呢，那让我们一起走进这首《小桥流水》吧。

二、讲授新课

师：请大家跟着老师一起充满感情地朗读这首歌曲的歌词，老师读一句，然后大家跟着老师读一句。

老师带着学生一起朗读歌词，熟悉歌词的内容和含义。注意朗读歌词的时候要抑扬顿挫，带着学生把握歌词的朗读节奏。

师：下面老师来给大家播放一段这首歌曲的音频，大家在聆听歌曲的时候要注意仔细感受歌曲的旋律、节奏和所传达出来的情绪。

老师播放歌曲，学生们仔细聆听。

师：有谁能够来说一说，在听到这首歌曲的时候自己心中有什么想法和感受吗？

生：这首歌曲听起来非常的愉悦和好听，我听了之后心中非常温暖。

师：下面老师想和大家一起来玩一个非常好玩的游戏，这个游戏的名字就叫作"小小节拍师"。

师：请大家观察这首歌曲的拍号是几几拍？

生：4/4 拍。

师：4/4 拍也就是以四分音符为一拍，每个小节四拍，下面老师通过三种拍手的方式请大家分析一下四四拍的强弱规律。

第一种拍手：全拍掌。

第二种拍手：半拍掌。

第三种拍手：手指拍掌。

师：下面老师拍手示范，请同学们观察并聆听歌曲。

师：这三种拍手分别代表了强、次强、弱这三种力度，请同学们回答一下，4/4 拍的强弱规律是什么呢？

生：4/4 拍是按照强、弱、次强、弱的规律进行的。

师：大家找规律找得非常准，看来每一个人都是合格的"小小节拍师"了。

师：下面请同学们跟着老师一起来做一个很有意思的小活动，请大家仔细观察老师的动作和发音。

老师带着学生们一起来练习气息，根据书本上的发声练习来进行节奏旋律的操作。主要为：mi ya mi ya mi　mi ya mi ya mi。

三、教唱歌曲

师：同学们，你们之前已经对这首歌的歌词和节拍有了一定的了解，下面老师将这首歌曲完整地向大家演示一遍。

老师演唱歌曲。

师：现在老师来给大家讲一下这首歌曲值得注意的几个地方。大家先来听老师唱开头的两句，仔细听一听这两句的相似点和区别在哪里。

老师缓慢、平稳演唱，注意唱到第一句"小河"和第二句"小桥"时放缓，让学生听出区别。

师：大家听出区别了吗？其实这两句的旋律在前面的部分是完全一样的，但是当唱到"河"和"桥"的时候，音高就开始有了变化。大家再听，看看是怎样变化的。

老师再次演唱歌曲，并结合肢体语言来表现变化。尤其是唱到"河"的时候需要用手展示向下降的动作，表明这个音是降下来的；唱到"桥"时需要缓慢把手往上扬，表示音高向上。这样的引导动作更有利于帮助学生感受音高的不同，从而唱准这两个乐句。

师：现在请大家一起跟着老师来练习几遍，大家注意演唱时仔细跟着老师手中的动作。

师：大家仔细聆听老师演唱的歌曲，有没有发现歌词上下句之间的节奏有什么不同的地方呢？

生：好像有几句唱得平缓、慢一点，而有的又突然变快了。

师：那么大家有没有觉得这样的节奏变化其实更能体现歌曲的情绪和主旨呢？时快时慢，此起彼伏。

师：同学们，老师的表演刚刚已经完成了，大家听着老师的演唱是不是对这首歌曲有了一个新的认识呢？下面老师把大家分成不同的小组，大家以小组讨论的方式来回答下面这些问题：

1. 歌词当中提到了哪些事物呢？

2. 大家觉得我们在演唱这首歌曲的时候，应该以什么样的感情来演唱呢？

学生讨论。

师：我们的讨论时间已经结束了，请每个小组各派一名代表来跟大家说一说小组的讨论情况。

学生们描述小组讨论的成果，老师适当地给予指导，最后对学生们的发言进行总结。

师：下面请同学们一起来跟着老师学唱一下这首歌曲，老师在演唱的时候会逐字逐句给大家示范演唱。

老师逐字逐句地带着学生们演唱，教的时候需要仔细观察学生们的音准和节奏是否准确，对发生错误的同学一定要进行纠正。

师：学唱结束了，现在谁能够来给大家表演一下这首歌曲的演唱呢？

老师点学生起来演唱这首歌曲，注意纠正学生的错误。

师：下面老师想让大家来进行比赛。首先，老师将大家分成男生和女生两个小组，看看哪个小组的表现更好。然后，我们在接下来的歌唱中会加入一个非常有意思的动作——现在想象我们每一个人都坐在一条穿梭在小桥溪水中的船上，让我们在歌唱的同时，身体随着溪水的流动而摇摆吧。

男女生分小组一起来合唱这首歌曲，老师用钢琴伴奏。

四、课堂总结与延伸

师：同学们今天学习得非常棒！大家通过歌曲感受到了小桥流水的家乡，但是老师相信在每个人的心中对于家乡的定义和想法都是有所区别的，下面我们就来进行一个有意思的小活动吧！请同学们拿出纸和笔，在纸上描绘出自己理想中的家乡的样子，可以用文字，也可以画画，老师会和大家一起来进行！

活动完毕之后，老师可以邀请感兴趣的同学上台来和大家一起分享自己纸张上所写或所画的内容。

【教学反思】

    在课堂中，每个教学步骤都慢慢引导学生学习，耐心指导学生，逻辑合理，贴切本课的教学目标。首先，通过情境导入来引发学生们学习的兴趣，然后，通过提问的方式来引发学生对于课堂内容的探索欲望。采用开门见山的教学方式，直接向学生演唱歌曲旋律，并且利用哼唱的方式来丰富学生的感官体验，让学生直观地感受歌曲的韵律和情感，并通过聆听、思考和练习等方式来学习这首歌曲。

    在本节课的教学中尽量减少说教，对学生的学习加以引导，对学生的表现进行鼓励，让学生充分参与到课堂中来。歌曲教学需要多加引导学生积极参与到课堂当中，不断地进行实践练习，才能达到更好的学习效果。

《奇妙的强弱》钢琴教学设计

长沙市少年宫　于志勤

【教学内容】

如何运用呼吸控制强弱。

【教材分析】

作品《魔笛》主题变奏曲选自上海音乐出版社《钢琴基础教程》第一册。通过前面两节课的学习，学生已经能完整弹奏该乐曲。本课通过引导学生视唱主题来体验强弱，最终学会如何运用呼吸控制强弱。

【适用班级】

钢琴初级班。

【教学目的】

1. 正确理解、把握莫扎特《魔笛》主题变奏曲的创作背景、风格特点及弹奏中的触键方法，教会学生如何运用呼吸来表现作品中的强和弱。

2. 正确表现《魔笛》主题变奏曲中诙谐、欢快的情绪。

3. 通过自主探究、欣赏示范、模仿练习等方法，教会学生用呼吸控制强弱，培养学生对声音的控制技术、敏锐的听觉能力，加强音乐素养的训练。

【教学难、重点】

1. 认识音乐的力度记号并能掌握运用。

2. 如何表现作品中的强和弱。

【教学准备】

1. 认知准备：搜集作品资料，分别是乐曲音乐风格特点、作曲家介绍和作品的创作背景。

2. 教具准备：钢琴、黑板、多媒体设备。

【教学时间】

1 课时。

【教学过程】

一、导入

师：同学们，前面我们学习了莫扎特《魔笛》主题变奏曲，那么，如何才能更好地表现这首乐曲呢？下面，老师给大家演奏两遍，请同学们带着问题来听，你觉得哪一遍更好听呢？说出你的理由。

老师弹奏莫扎特歌剧《魔笛》主题变奏曲。

生：第二遍。

师：对了，这位同学说得非常好！因为老师在弹奏第二遍的时候把强弱对比加进去了，这样能让乐曲更加丰富、听起来更生动。下面，我们就一起来学习如何弹好这首乐曲。

老师展示课件；板书：奇妙的强弱。

二、新课教学

1. 作品剧情简介。

师：同学们，你们知道老师为什么要这样演奏吗？为什么要这样来处理强弱呢？你们先来听听《魔笛》的故事就明白了。故事说的是埃及王子塔米诺的心上人帕米娜公主（夜女王的女儿）被大祭司幽禁了，夜女王为了解救自己的女儿，就赠给王子一支能解脱困境的魔笛，又赐给了王子的随从帕帕盖诺一串神铃，最终他们经受了种种考验和曲折，救出了帕米娜。因此，《魔笛》变奏曲中的强弱就是代表故事里的两种神器。

2. 学生视唱，体验强弱。

师：同学们，现在请大家跟着老师的琴声一起哼唱一遍《魔笛》主题变奏曲，听一听乐曲里的强弱分别对应故事里的哪一种乐器呢？

生：f 代表魔笛，p 代表神铃。

师：同学们说得非常好！现在，请大家再一次跟着我的琴声一起视唱一下乐曲，老师想在大家唱的同时再加一点肢体动作，让你们能更好地体验这种强弱对比。强的部分请大家双手拍手，弱的部分请大家双手轻轻拍自己的肩膀。

老师弹奏，学生视唱并拍手。

歌剧《魔笛》主题变奏曲

3. 呼吸控制强弱。

师：同学们唱得非常好！之前我们学习过，不同的演奏方法可以表现不同的强弱，比如发力的位置、力量以及触键的速度。那么今天，老师想跟大家说说如何用呼吸来控制强弱。我们先找到一个比较容易弹的中强（教师示范），稍微难一点的，就是在弹奏 p 或 pp 的时候，大家可以把气提一半，手稍微轻一点就出来了（教师示范）。强比较好弹，把整个气吐出来，f 或 ff 就出来了（教师师范），气出来得越疏通，声音就会越好。下面，我们来试试把呼吸运用到《魔笛》这首乐曲里来演奏下（教师示范）。

学生运用老师教授的呼吸控制强弱的方法来弹奏《魔笛》，老师检查并指导练习。

师：其实，在实际的演奏中，大家一定要学会用自己的耳朵去聆听你所弹奏的声音，通过声音来不断地调整弹奏的状态，最后达到预期效果。

师：好，刚刚我们学会了如何运用呼吸来控制强弱，那下面我们来做一个小测验，请大家根据老师的演奏给这首乐曲加上强弱记号吧。（谱例请看附件一）

老师点一名学生上台完成小测验，并讲解答案。

4. 课堂小结。

师：今天，我们学习了如何表现乐曲中的强弱。我们往往会认为弱代表的就是轻，其实弱不仅仅是声音轻，弱还可能包含很多种深层次的含义，比如说代表距离的遥远、代表内心的思念、又或者是描述的某一个场景……你的强弱内涵有多少种可能性，你的音乐就有多丰富。那么 f 又是什么呢？请同学们回去思考，下节课老师来听听你们所认为的强是什么样的？

【教学反思】

本节课充分利用了多媒体课件的教学优势，讲述了如何运用呼吸控制强弱，让学生能够细致地感受、体验和分析《魔笛》主题变奏曲中的强弱对比。老师通过示范弹奏导入课题，并通过歌剧《魔笛》故事的讲述来调动学生学习的兴趣。在教学的各个环节中，不断设计学生感兴趣的切入点并依次展开，让学生在轻松、活泼的课堂氛围中潜移默化地提高自身的鉴赏能力和审美能力，让音乐真正走进学生的心里。

附件一：

你可以选择在任意一个高音G上"敲响"13下钟。

尽可能小声地开始弹奏，然后夸张地 crescendo 和 diminuendo。

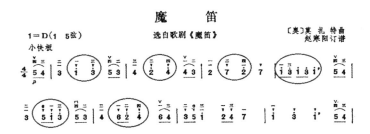

《我爱老师的目光》舞蹈教学设计

长沙市少年宫　叶　卷

【教学内容】

《中小学舞蹈（初级）教学用书》第八课。

【教材分析】

本课程是教授舞蹈启蒙阶段学生训练腿部基本功的方法之一，其中包括控制、外开、延伸等肌肉训练，为之后踢腿、搬腿作准备。

【教学对象】

舞蹈启蒙班（一～二年级）。

【教学目标】

1. 通过老师示范与讲解抬腿的基本要领，学生课堂自主练习，从而准确地完成抬腿的学习。

2. 通过单一抬腿、吸腿学习，让腿部外开，膝盖伸直，脚趾尖延伸，从而提升学生腿部的力量。

3. 培养学生的细心以及耐力，学会坚持不懈地努力。

【教学难、重点】

膝盖的伸直、腿部的外开和控制以及脚尖的延伸。

【教学准备】

多媒体课件，体操服，舞鞋。

【教学时间】

2 课时。

【教学过程】

第一课时

一、图片导入

（展示圆规图片）

师：同学们，你们认识它吗？

生：圆规！

师：那现在请你们把自己的两条腿想象成圆规的腿，当圆规有针的那条"腿"固定时，另外一条腿是如何打开的呢？（学生做动作）

甲生：直直打开。

乙生：慢慢打开。

师：你们观察得真仔细，其实拉起圆规两腿时，就像我们在做抬腿一样，那么我们让"圆规"躺下去和我们一起学习新内容吧！

二、新课教学

（一）前抬腿

师：请同学们先看老师做。头朝七点，仰卧，双手旁平位打开，双腿绷脚外开。先将右腿直直地抬起来，就像圆规一样拉开。（老师示范）

师：我们要注意的是，右腿抬起来的时候，由脚背主动往上带，整个腿从胯根一直到脚尖都是外开的状态，90°即可，左腿依旧保持外开绷脚状态。落下时要控制、延伸，轻轻回到原位。（老师示范）

师：请同学们躺到地上感受一下。

学生练习，老师纠错。

（二）旁抬腿

师：以右腿为例，向一点转身，左手正上位平举，头侧枕于左臂，右手撑于胸前。左脚保持外开绷脚不动，右腿抬起来的时候，由脚背主动往上带，整个腿从胯根一直到脚尖都是外开的状态，脚背和膝盖朝七点，90°即可。同样的，落下时要控制、延伸，轻轻回到原位。（老师示范）

师：请同学们做一下。

学生练习，老师纠错。

（三）吸伸腿

师：前抬腿以右腿为例，吸腿关胯，绷脚尖吸到膝盖以上的位置，伸腿时，大腿保持不动，伸直膝盖，拉长小腿。（老师示范）

师：同学们也请感受一下。

学生练习，老师纠错。

师：旁抬腿以右腿为例，吸腿开胯，绷脚尖吸到膝盖以上的位置，伸腿时，大腿保持不动，伸直膝盖，拉长小腿。（老师示范）

师：请同学们练习一下。

学生练习，老师纠错。

（四）组合教授

第一段：

(1) 1—8　前抬腿抬到45°。

(2) 1—8　直腿落下还原动作。

(3) 1—8　重复第1个八拍动作。

(4) 1—8　重复第2个八拍动作。

(5) 1—8　前抬腿抬到90°。

(6) 1—8　直腿落下还原动作。

(7) 1—4　关胯吸腿。

(8) 5—8　伸直小腿。

(9) 1—6　直腿落下还原动作。

(10) 7—8　向左侧翻身。

三、课堂小结

师：前旁抬腿以及吸伸腿要注意脚背的外开、脚尖的延伸以及膝盖的伸直，想一想"圆规"的腿是怎么拉开的。做动作时要匀速，动作与动作之间要交代清楚，要将节奏灌满。同学们想一想，组合中与前抬腿一样的动作，旁抬腿是如何做的。

第二课时

一、提问导入

师：之前我们已经学习了前、旁抬腿以及吸伸腿，也将前抬腿融合到了组合中，那以同样的动作顺序，旁抬腿是怎么做的，你们会了吗？

生：会！（学生做动作）

师：同学们都非常认真和聪明，举一反三，完成得非常好，那接下来老师说一下组合中的第二段动作的节奏吧。

二、组合教授

第二段：

（1）1—8　旁抬腿抬到 45°。

（2）1—8　直腿落下还原动作。

（3）1—8　旁抬腿抬到 45°。

（4）1—8　直腿落下还原动作。

（5）1—8　旁抬腿抬到 90°。

（6）1—8　直腿落下还原动作。

（7）1—4　开胯吸腿。

（8）5—8　伸直小腿。

（9）1—8　直腿落下还原动作。

（10）1—8　向右侧翻身至平躺姿势。

结束动作：

起身往前抱住腿，形成"一"字形。

师：同学们都明白节奏了吗？有不明白的可以举手提问。

师：接下来的时间交给你们了，你们自行练习，等会儿我们合音乐。

学生练习，老师纠错。

三、合音乐

师：这个组合的音乐是2/4拍的节奏，它的强弱重拍是1、3、5重拍。

播放《我爱老师的目光》。老师示范两遍，学生练习。

四、拓展教学

师：参照"圆"形，运用自己的身体，结合点、面、空间，请同学们做出有圆形的动作。

五、布置作业与课堂总结

师：组合中的动作都是非常单一的，同学们课后一定要规范练习。大家在练习的过程中记住这四个词：伸直、外开、延伸、控制。老师相信，只要动作中有这四个词的体现，你们就一定会做得非常完美的。今天的课就到这里，下次见！

【教学反思】

抬腿、吸腿掌握不错，教学目的基本达到，但还是有部分同学软开度欠缺，导致膝盖不能完全伸直；腿部的意识不强，表现为外开及延伸不够；拓展教学中让学生去"找圆"，动作单一且重复，创编造型不丰富。在课后一定要学生按要求作业并且一一点评。在以后的教学中要多开发学生发散性思维，加入创编元素，完善课堂设计。

《认识五线谱》教学设计

长沙市少年宫　　陈　璐

【教学内容】

《中小学钢琴（初级）教学用书》第七课。

【教材分析】

通过文字介绍和彩色卡通图画相结合，为启蒙阶段的学生讲解钢琴的基本知识、坐姿手型、五线谱等相关乐理知识。

【适用班级】

钢琴启蒙班。

【教学目的】

1. 了解五线谱的作用。

2. 学习五线四间，认识高音谱号和低音谱号，认识 do、re、mi、fa、sol、la、si。

3. 了解乐谱的由来，知道乐谱是人类为记录、保留、传播音乐而创造的。

4. 识谱是打开音乐大门的钥匙，识谱能力对学生感受、理解、表现、创造音乐有着重要的作用，也为学生今后学习音乐打下良好的基础。

【教学难点】

五线谱的线与间的分辨，高低音谱号的正确书写。

【教学准备】

多媒体课件，钢琴，五线谱作业纸，笔。

【教学时间】

1 课时。

【教学过程】

一、导入

师：同学们，音乐在我们的生活中扮演着十分重要的角色。相信大家都听过一些歌曲，也听过一些钢琴曲或者交响乐等，那么大家知道我们听到的歌曲和乐曲都是怎么被记录和流传下来的吗？它们都是由各种各样的记谱法记录和流传的。（PPT 展示图片）这三张图片就是我们古时候的古琴曲谱，有工尺谱、减字谱和文字谱，它们都是用文字的形式记录了乐曲的音高、时值长短和演奏方法。

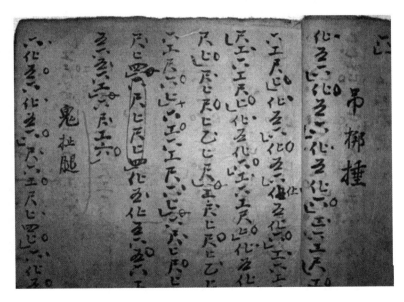

工尺谱

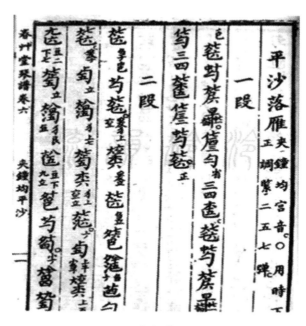

减字谱

文字谱

师：到了现代，我们常用的就是五线谱和简谱了。（PPT 展示图片）

歌唱祖国

五线谱

简谱

师：今天我们要学习的五线谱，是当前普遍使用的最完善的记谱法。它可以记录音乐所采用的所有乐音，更是音乐中的"世界语"。

师：所以要想进入音乐的世界里，我们必须先学会五线谱，它是我们打开音乐大门的钥匙。今天我们就一起来学习五线谱的知识吧！

二、学习五线谱

师：大家想知道五线谱是什么样子的吗？现在请伸出自己的左手，手心对着自己，我们先一起来看看"手指谱"吧！从下往上数，小拇指是第一线，无名指是第二线，那么中指是第几线？

生：第三线。

"手 指 谱"

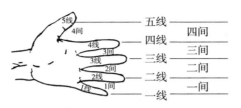

手指谱，真正好，

小指比作第一线，大指比作第五线，

小四中食拇，一二三四五，

四个手指空，一二三四间，

五线谱，在手上，

又好记，又方便！

师：学习了"手指谱"，我们来看看正规的五线谱是什么样子的。看看大屏幕，这五条长度一样而且平行的横线就是五线谱了。

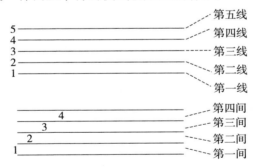

学生跟老师读两遍。

师：通过今天对"手指谱"和五线谱的学习和练习，相信同学们对五线谱已经比较熟悉了。大家可以两个同学一组，伸出自己的小小手，互相指着对方的手指或者指缝，测试下对应的五线谱线与间名称，看看谁的反应快！

三、认识 do，re，mi，fa，sol，la，si

师：同学们，你们听过《白雪公主》的故事吗？你们喜欢故事中的谁啊？

甲生：白雪公主！

乙生：七个小矮人！

师：七个小矮人非常的善良可爱，你们想不想看他们长什么样啊？（多媒体展示七个小矮人的形象）

师：七个小矮人的衣服上分别有七个音符，它们是 do，re，mi，fa，sol，la，si，这也是我们今天要学习的七个音符的唱名。同学们跟着老师一起唱一唱吧。（模唱 do，re，mi，fa，sol，la，si）

师：七个小矮人住在森林里，鸟儿给他们搭建好了一个舞台，他们最喜欢在舞台上歌唱了。大家仔细观察一下，看看这个舞台有什么特点呢？

PPT 展示图片，直观地呈现五线谱。

师：他们的舞台像台阶，每个人都站在不同的台阶上。

do 在高音谱的下加一线，

re 在高音谱的下加一间，

mi 在高音谱的一线，

fa 在高音谱的一间，

sol 在高音谱的二线，

la 在高音谱的二间，

si 在高音谱的三线。

老师指着音符和学生一起唱唱名，并让学生自己练习。

师：现在天空中飞来了一群小鸟，把小矮人衣服上的音符叼走了，同学们帮助小矮人把音符放回到他们原来的位置吧！

将小矮人衣服上的音符取下打乱顺序，让学生重新贴上。

师：同学们，今天我们学习了五线谱的知识，知道了 do，re，mi，fa，sol，la，si 在高音谱表的位置，回家后，大家要记得多做练习哦！

【教学反思】

本节课从了解乐谱入手，知道乐谱的由来和作用，让学生认识到最广泛运用的五线谱。将繁琐容易弄混的五线谱识别和小手结合，发挥学生的想象力，原来五线谱可以和我们很近，并通过互动游戏，让学生更容易记忆。而音符的位置，运用了童话故事里小矮人的形象，七个小矮人正好一一对应七个音符，给七个小矮人不同的衣服颜色，对应七个唱名作为胸口的图案，加深学生对唱名和音高位置的区分，既有趣味性，也能让学生快速地记住。

《玉兰花》写作教学设计

长沙市少年宫　王　圣

【教学内容】

《玉兰花》。

【教材分析】

描写植物既是教会学生留心观察的方式，也是培养学生热爱大自然、热爱生活的途径。本课着重讲授定点观察和比喻、设问的修辞技巧。在定点观察的同时，要求学生从形态、颜色、气味等多个方面调动五官进行细致感受，增强学生的感悟能力。

【适用班级】

校园文学基础班。

【教学目的】

1. 掌握定点观察、比喻、设问的定义。

2. 培养留心观察、调动五官感知生活的好习惯。

3. 语言感知能力的培养与提升。

4. 培养热爱生活、热爱自然的情感。

【教学难、重点】

1. 如何定点观察，同时调动五官感知玉兰花之美。

2. 如何恰到好处地运用比喻、设问的修辞手法。

【教学准备】

老师用 PPT 展示多种形态的玉兰花（或者是剪辑的视频，如果恰逢玉兰花盛开时节，可以准备几朵不同形态的玉兰花）；学生提前了解玉兰花的有关知识，并做成知识卡片。

【教学时间】

2 课时。

【教学过程】

第一课时

一、激趣导入，畅谈所知

师：今天，王老师想给大家介绍一位美丽的新朋友，你们想了解它吗？

生：想！

老师播放玉兰花的有关视频、图片，或者展示玉兰花实物。

师：同学们，结合你们查阅的有关资料，请说说，在你眼中，这位朋友是谁？它都有哪些特点？

生：它是白色的、花瓣大……

师：对了，它是玉兰花。它芳香迷人，形态各异，以白色、紫色居多，具有极高的观赏价值呢！

老师板书课题"玉兰花"，并补充玉兰花的有关知识。

二、定点观察，全面感知

老师用课件展示远观的一整棵玉兰树的图片。

师：同学们，假设你现在站在这棵树下，你眼中的玉兰花是怎样的呢？

生：点缀于翠绿之中，非常多！

师：是的，此刻的我们是远观玉兰花。整体感觉它们就像是栖息在树上的小白鸽，正展翅欲飞呢！

老师用课件展示近观的几朵玉兰花图片：全开的、半开的、未开的三种形态。

师：那么，同学们，再来看看这几张图片，你能说，此刻你眼中的玉兰花又是什么样的呢？

生：有的可以看到花蕊，花瓣全展开了；有的开了一半；有的还只是花骨朵！

师：是的，这三张图片分别对应了玉兰花的三种姿态，全开的，半开的，还有未开的花骨朵呢！那么谁能具体说说第一种姿态？

生：花瓣全展开了，圆圆的。

师：那么，你还能不能说说它的其他特点，比如颜色、大小？

老师引导学生关注形态、颜色、大小等方面。

生：……

老师依次要求学生回答另外两种形态，适时点评。

师：同学们，刚刚我们分别从远、近两个角度观察了玉兰花的形态、颜色、大小，这就是定点观察，即选定一个处于相对静止状态的观察对象，对它进行有秩序地观察。其实，等到玉兰花盛开的时候，大家还可以去闻一闻它有什么样的香气，摸一摸它是什么样的感觉！另外，玉兰花还是一种观赏性极高的花呢！所以啊，植物都有它们不同的价值和作用呢！

三、对比赏析，修辞之美

（课件展示第一组对比句子，引导学生朗读，感受不同）

1. 朵朵洁白的玉兰花像是镶嵌在绿裙子里的耀眼钻石。

2. 朵朵洁白的玉兰花镶嵌在绿叶枝里。

老师请一位同学朗读这组句子，并请该学生回答这组句子的不同，更喜欢哪个句子，并说说理由。

师：请你读读这两句话，说说你更喜欢哪句，为什么？

学生朗读，老师引导感情诵读。

生：我喜欢第一句，因为用了修辞手法。

师：你能说说具体是用的什么修辞手法吗？

生：比喻。

师：把什么比作了什么？

生：把玉兰花比作钻石。

师：那么，请你再有感情地朗读第一句话，说说运用比喻的妙处，好吗？

生：生动。

师：对了，运用比喻，使得玉兰花更为生动形象，仿佛就是树上长出来的耀眼钻石，读来有趣可爱。那么，谁还能运用比喻手法，说说玉兰花呢？比如它的三种形态，颜色……

甲生：像一个大圆球……

乙生：白得像雪……

师：同学们，我们需要把句子说完整。是啊，完全开放的花像一个盘子/一朵莲花，半开的像一把太师椅，而花骨朵像收起来的羽扇。花瓣椭圆形，像没有勺柄的勺子。

老师用课件展示第二组句子。

1. 玉兰花洁白得像什么？像那洁白的雪/蔚蓝天空中的白云/天鹅的羽毛。

2. 玉兰花像什么？完全开放的花像一个盘子/一朵莲花；半开的像一把太师椅；花骨朵像收起来的羽扇。花瓣呈椭圆形，像没有勺柄的勺子。

3. 玉兰花摸起来是什么样的呢？轻轻一碰，像是一团海绵，蓬蓬松松的，很厚实。

老师请学生观察这一组三个句子的特点，并说说发现。

师：接下来，请你们快速默读这几个句子，思考一下，这一组句子有什么特点？

生：有问题还有答案。

师：是的，它们都有疑问句，而且提出问题后马上就问题进行回答，自问自答，这就是设问。那么，你们再想一想，设问有什么作用？

生：让人好奇。

师：嗯，这样的一种表达方式，既让人产生了好奇，又起到了强调的作用，更加突出了描写对象的特点！那么，你们能不能试着也说一句呢？

甲生：玉兰花花瓣这么白，它的花蕊又是什么颜色的呢？原来是黄色的啊！

乙生：玉兰花的花瓣是什么样的呢？就像是一盏盏小碗呢！

四、拓展训练，熟能生巧

老师用课件分别展示荷花、向日葵图片（包括荷花不同形态的图片，向日葵的远景、近景图片），要求学生运用本节课所学进行观察并说说自己的发现。

老师注重引导学生选好观察点，综合调动五官和日常生活经验，优美完整地进行表达。还可引导学生说说自己最喜欢的植物，进行文字描述。

五、课堂小结，作业布置

师：通过这节课的学习，你能说说自己有哪些收获吗？

甲生：学会了观察的方法。

乙生：比喻、设问的修辞手法。

师：不错，我们这节课学会了定点观察，还学会从五官上调动我们的视觉、触觉、嗅觉等去全方位感受植物之美、自然之灵动，还可以结合它们的作用价值进行介绍呢。同时学了比喻、设问的修辞手法，这都使我们的语言更为丰富有趣！

作业：请以玉兰花为观察对象，调动你的感官，多方面感知，并运用比喻、设问的修辞手法，写出它的特点，不少于 300 字。

第二课时

一、佳作赏析，对比分析

老师用课件展示佳作二篇。

1. 老师指名学生朗读佳作一，其他学生边听边思考：第一篇佳作好在哪里，有哪些好词好句。

2. 老师指名学生回答问题，说说自己的感受。

3. 全班齐读佳作二，边读边思考：佳作二好在哪里，有哪些好词好句。

4. 老师指名学生回答问题，说说自己的感受。

5. 老师要求学生对照自己的作文，说说有哪些方面可以改进。

二、交互欣赏，互评互改

1. 四人一组，以小组为单位，交叉互评。

2. 老师引导进行小组展示，小组派代表说说组内的佳作，先进行小组内点评，其他组学生再评。

3. 老师进行点评。

4. 按此类方法，课堂展示两到三组成果。

三、自评自改，誊写作文

1. 要求学生按照同学提的意见并参考佳作，就自己的作文进行自评。

2. 誊写到作文本上。

【教学反思】

此课的教学内容是需要学生留心观察生活中的一草一木，因此，对学生观察方法的引导显得尤为重要。在充分介绍定点观察并以玉兰花为例进行示范后，应该适当调动学生，运用此种方法观察感兴趣和喜爱的植物等，学以致用。同时，修辞手法的运用也应该注重模仿，鼓励学生多说，还可以引入其他的不同形态、不同类别的植物要求学生进行训练。学生是课堂的主体，应让学生多思多想，老师注重引领示范，适时点评。

《吐音、音头练习》竹笛教学设计

长沙市少年宫 吴 蔚

【教学内容】

《中小学竹笛（初级）教学用书》第十一课。

【教材分析】

竹笛是我国古老的民族吹奏乐器之一，已有几千年的历史，是我国各族人民最喜爱的乐器之一。竹笛技巧中非常有代表性并且应用广泛的吐音，是竹笛技巧中易学难精的一种吹奏方法。吐音一般用于跳跃、活泼、明快的乐曲，演奏效果以短促、有力、有弹性、有颗粒感为佳。对初学者而言，保证用正确的方法练习是基本的前提，保持长期规律性地练习是学习吐音最基本的条件。那么音头又是什么呢？现在常用的音头就是把一个单吐加在一个乐句的起始，起到统领全句、让整个乐句更加清晰干净地表现出来的作用。所以，先学好吐音，才能吹奏音头，才能更好地演奏乐曲。

【适用班级】

小学初级竹笛班。

【教学目的】

1. 通过本课的学习，丰富学生的演奏技巧，掌握更多的演奏方法，提升学生的表现力。

2. 引导学生理解，运用不同的竹笛演奏技巧来表达不同的情绪和情感。

3. 通过对竹笛吐音演奏技巧的学习，培养学生的毅力、耐心和信心。

【教学难、重点】

1. 吐音的发音。

2. 舌头、气息、嘴劲的配合。

3. 在实际运用中，吐音和音头的相同点和区别。

【教学准备】

竹笛，多媒体课件。

【教学时间】

1 课时。

【教学过程】

一、导入新课（激发学习兴趣，提出学习要求）

师：同学们，今天老师给大家带来了一首竹笛的小乐曲，听完后，请你们告诉我，它和我们之前学过的其他乐曲有什么区别。

老师吹奏《喜洋洋》。

甲生：活泼，欢快！

乙生：清晰，跳跃！

师：嗯，大家回答得很准确！刚刚老师用的是竹笛演奏中常用的一个技巧——吐音来演奏的，之前我们学习的乐曲都是连贯流畅的，而加了吐音技巧的乐曲更能表达跳跃、活泼、明快的情绪。学会吐音技巧，我们可以用笛子表达更多丰富的情感，为学习更多风格的乐曲奠定基础。

师：现在让我们一起来了解一下，到底什么是吐音？吐音是怎么演奏的？怎样才能学好吐音呢？

二、新课教学

（一）单吐练习

师：吐音分单吐、双吐和三吐三种，今天老师跟同学们讲授的主要是吐音中最简单的基础——单吐。单吐是在保持正确吹奏口形的基础上舌头自然向上，微微抵住上牙齿的内牙龈处，呼气时迅速后缩，使气流冲入吹孔发出短促有力之声，发出类似"吐"的发音。吐音属于竹笛气、指、舌三大类基本功中间的舌类技巧。吐音一般有两种用法：一种是用在长音的起始，也叫音头，能让乐句更规整和清晰；另一种是单独作为一种技巧使用在乐句中，体现跳跃、坚定的情感表达。

师：单吐音在乐曲中的标记是大写的英文字母"T"。

老师在黑板上写出单吐的记号。

师：接下来我们按步骤来学习，请大家记好笔记。第一步：请大家把"吐"的正确发音练习一下，念普通话的"吐"，找到发音的感觉，舌头发音的位置和动作。第二步：收掉喉咙的发音，念轻声的"吐"。第三步：用吹笛子的嘴型念"吐"。第四步：在笛子上吹奏"吐"音。

老师示范四步练习，学生模仿和练习，老师逐个指点和纠正。

师：同学们，学习吐音的过程是一个相对需要比较多时间来练习和学习的过程，大家今天在课堂上是很难将四个步骤都熟练掌握的，所以今天只要求大家记住四个步骤的练习方法，在本周内完成前三个步骤。大家一定要记住，循序渐进是吐音练习的重点，只有将前三个步骤的基础打牢，才能保证后期吐音演奏的准确性，一定不能着急。

（二）长音音头练习

师：现在我们尝试着不用笛子吹，用轻声念音的方法用嘴吹一个带音头的长音。（老师示范）

师：大家感觉一下，加了音头的长音是不是变得更规整，更干净利落呢？学了吐音之后，以后在每一个乐句的前面都要加上一个音头，大家会发现我们演奏的曲子更加好听了。

学生模仿练习。

（三）在实际运用中，吐音和音头的相同点和区别

师：我们把单吐应用在长音或乐句的起始叫音头，和普通应用在技巧中有不同吗？还是有所区别的，音头一般情况下不需要吐得太重，除非乐句的情感处理需要，可以有一些变化。而吐音一般情况下都是要求短促有力的，所以相对而言，会比应用在乐句起始要吹得重一点。这个等我们掌握了单吐的要领以后大家再慢慢去体会。今天的课就上到这里，大家在练习的过程中有疑问再向老师提问！

【教学反思】

根据学生好奇心强，对生动、形象的材料感受性强，感知时无意识注意力占优势的心理特点，利用多媒体声、光、图、色俱佳的优点来教授，有时可取得意料之外的效果。在教学中采用播放动画的形式，用某个卡通人物的形象来逐步示范技巧形成过程，可以让学生清晰地看到技巧逐步练成，同时老师在现场的有趣讲解，激发了学生喜欢模仿的天性。相对于僵化的说课教学，效果好很多。老师应该自主地去发掘更好使用的软件，制作相应的课件，让课堂更丰富，同时也让学生的学习更有效率。

《线描中的黑白灰对比》美术教学设计

长沙市少年宫　周圆圆

【教材内容】

《中小学美术（初级）教学用书》第十课。

【教材分析】

教学用书中有大量的线描图片，通过图片的分析和对比，让学生理解其中黑白灰的对比奥妙。

【使用班级】

线描基础班。

【教学目的】

1. 通过学习了解线描画中的黑白对比知识，感悟黑白对比的美感。

2. 能以线为主画一幅具有黑白对比效果的作品。

3. 通过学习活动，培养学生热爱民间传统文化的情感及对美术学习的兴趣。

【教学重、难点】

1. 了解线描画中的黑白对比知识及造型手法，掌握线条的粗细疏密排列。

2. 能使点线面合理安排。

【教学准备】

PPT 课件。

【教学时间】

1 课时。

【教学过程】

一、教师出示图片，引入课题

师：上课之前，老师展示两张图片，同学们看一下，这两张图片有哪些共同点？（展示斑马、斑马线的黑白照片）

生：没有彩色，都以黑白灰为主，感觉图片对比强烈，抓人眼球。

师：那生活中还有哪些黑白对比的事物呢？（引导并板书：钢琴键、黑白太极图、围棋、熊猫等）

师：那么，今天我们来讲的就是线描中的黑白灰对比。（板书）

二、感受黑白魅力

师：我们再来看几组图片：下面这张图，哪个人的牙齿更白？为什么黑人的牙齿要更白？下面这两个花瓶，哪个镂空的圆更突出？（分析背景和花瓶的颜色）下面的几张图，哪个三角形更明显？

引导学生观察后小结：黑白对比的图更明显，其次是深灰与白的对比。用阴影线引出灰的概念。

师：在线描图中，以这个方框为例，全黑的代表黑，全白的代表白，其他框中的线条越多，我们看成是深灰，线条越少，我们看成是浅灰。（板书画方框示意黑白灰）它们的对比其实就是线描中黑白灰的对比。

师：为什么这些图片，有的视觉更为强烈，比方说上面的牙齿和三角形还有圆形，是因为通过黑白灰的配置和对比达到了这样的视觉效果。颜色拉开的差距越大，对比就越明显，就像动物世界里的变色龙一样，为了自保，把自己的身体颜色变得和环境色相似，它的敌人就发现不了它。

三、分析线描画中的黑白对比

师：我们再来分析一下线描画中的黑白灰。

师：第一张图中，哪一栋房子最突出？后面的房子为什么不突出，都是一些灰色线条？第二张图中，哪一个爱心最突出？

师：由此可以分析出，想要突出哪一块视觉重点，就要在那一块区域配置上黑白灰的鲜明对比；不需要突出的地方，就要弱化对比。就比如第三张线描装饰人物图，为了突出人物，黑白灰的对比都用上了，周边用了一些重色，而人物的皮肤是白皙的，背景整体用了灰色处理。

四、运用黑白灰创作

出示同一张图，让学生运用黑白灰对比的原理分别突出这张图的不同区域。

师：好，我们再来看练习稿，下面这张图是著名画家凡·高的《星月夜》，这是两个同学对《星月夜》做出的不同的线稿处理，你们看这两张图分别突出了哪个区域？（第一张突出星河，第二张图突出前景）

师：老师给你们的练习要求是，根据自己的需求，找到你所喜欢的区域，围绕这个区域，运用黑白灰的对比来突出表现它。请同学们用心创作属于自己的作品！

五、画作点评

学生们把课堂作业集中粘贴到黑板上。

师：大家一起来评一评哪一张画运用黑白灰对比最巧妙？有什么地方可以画得更好？不足的地方，请加以改进。

六、总结

师：通过今天这堂课，我们初步掌握了黑白灰对比的运用方法，希望大家在以后的线描画中将这个方法逐步熟练地运用起来。

【教学反思】

这节课的图片选材很到位精准，也很生活化，导入比较好。不足之处是缺少与学生的互动，语言比较平淡，亲和力不够，对课堂时间的把控力不够。而且，对线描黑白灰的技巧运用的讲解还不够深入，深入浅出的讲解会让学生们理解更加透彻。此外，课堂的形式可以多样化一点，不应限于图片展示和讲解。

《神奇的弓法——快弓 》 二胡教学设计

长沙市少年官　　陈志坚

【教学内容】

《中小学二胡（初级）教学用书》第八课。

【教材分析】

本课计划两个课时，是教材的重要内容，也是二胡技法学习过程中的一大难点。

本课内容先是通过讲解、示范、模仿等方法，让学生正确掌握快弓的动作要领；其次通过有针对性的练习曲帮助学生逐渐熟练技术动作；最后再将快弓技术运用在简单的包含快弓技巧的乐曲中去。

本课是前两节右手运弓技法的延伸与提高，同时也为接下来左右手快速技巧的配合做铺垫。

【适用班级】

二胡初级班。

【教学目的】

1. 学生能了解二胡演奏中快弓技术的定义及特点。

2. 学生能掌握快弓技术的演奏方法。

3. 引导学生感受二胡作品中的快板部分，总结快弓演奏的方法，并让学生从作品中体会快弓演奏技法所表达的情感与态度。

4. 学生通过本课程的学习与练习，能灵活运用快弓演奏方法独立完成简易二胡作品中快板部分的演奏。

【教学难、重点】

1. 快弓动作的自然、协调。

2. 快弓动作中用力与放松的协调转换。

3. 快弓动作中各部位主动与被动的关系。

4. 快弓在二胡作品中的运用。

【教学准备】

老师：1. 准备几个不同情绪的快弓片断。

2. 熟悉教材中练习曲、乐曲的演奏要求。

3. 准备好二胡、校音器、节拍器等。

学生：1. 分弓段运弓练习。

2. 学会演唱《幸福的花朵》。

3. 准备好二胡、校音器、节拍器等。

【教学时间】

2课时。

【教学过程】

第一课时

一、常规基本功练习。

1. 运弓练习（快弓预备练习）。

师：同学们，我们先检查一下上周布置大家的内外弦左、右半弓练习情况。

注意速度，每分钟88拍。另外，拉弓起时用右半弓，推弓起时用左半弓。注意肩部、大臂的自然下垂放松；同时注意手腕的松弛与主动带动作用。

2. G调一、二把位音阶练习及考核。

师：请大家奏出不同把位相同唱名的音（含高低八度）。

二、学习快弓演奏技法

1. 导入。

老师演奏几个快弓片段，让学生感受快弓技法的基本特点。

引导学生说出快弓所表现的情绪特征。如：欢快、活泼、激烈、紧张等。

提问：快弓技术动作与其他运弓动作的区别在哪？联想一下跟快弓动作类似的其他动作。

2. 总结讲解快弓技法。

师：快弓是分弓的快速奏法。

快弓的特点是音符时值短，运弓的动作敏捷而迅速，通常以每分钟 120 拍以上的速度用分弓的十六分音符进行演奏。

演奏快弓时要敏锐而迅速，力度与速度的配合要协调，同时右腕右指均应适当放松，在小臂的带动下统一协调地动作。"拉快弓时方法紧，双手配合不好"的问题主要体现在右手方面，原因之一是快弓方法不正确，导致右臂僵硬；二是由于右手的紧张而牵制了左手的自然状态，致使双手不能松弛而敏锐地配合。

正确的快弓方法应该是右手轻握（而不是紧捏）弓杆，在小臂的带动下以右肩关节的"旋内"和"旋外"（而不是"外展"和"内收"）的动作为主要的动作方式，就像我们用较快的动作频率敲锣时的方法与感觉一样。当琴弓左右运行时，手腕应保持松动的控制状态，而不应有意识地左右甩动或僵硬地用力。右肩与右肘在演奏快弓时，均应自然松弛，同时右肘要适当配合以被动的反方向动作感觉，以调节右手的疲劳与紧张感觉。

练习快弓宜从稍慢的速度开始，待双手配合默契并形成下意识的演奏动作后再加快演奏的速度，否则换把方面的障碍也会影响正常快弓的效果。

3. 指导学生进行快弓技术动作练习。

A. 空手练习快弓动作。

B. 持弓进行练习。

4. 针对学生练习中出现的问题进行分析、讲解、示范。

5. 带领学生继续练习，巩固快弓动作。

6. 拓展练习。

A. 外弦拉弓起的快弓。

B. 外弦推弓起的快弓。

C. 内弦拉弓起的快弓。

D. 内弦推弓起的快弓。

第二课时

三、学习快弓练习曲及相关乐曲

1. 老师示范演奏。

师：同学们，我们接下来学习两首快弓练习曲。老师先给大家演奏一下，请大家注意观察老师的动作，尤其是右手。

2. 指导学生视奏。

师：请大家按照之前讲到的快弓动作要求，先看着乐谱视奏。

快弓练习一

1＝D（1 5弦）

♩＝140

$\frac{2}{4}$ 1111 2222 | 3333 4444 | 5555 6666 | 7777 i̇i̇i̇i̇ | 2̇2̇2̇2̇ i̇i̇i̇i̇ |

⑩

7777 6666 | 5555 4444 | 3333 2222 | 1232 1232 | 1212 3232 |

2343 2343 | 2323 4343 | 3454 3454 | 3434 5454 | 4565 4565 |

⑳

4545 6565 | 5676 5676 | 5656 7676 | 6717 6717 | 6767 i̇717 |

7̇i̇2̇i̇ 7̇i̇2̇i̇ | 7̇i̇7̇i̇ 2̇i̇7̇2̇ | i̇2̇i̇7 6767 | i̇767 i̇767 | 7̇i̇76 5656 |

㉚

7656 7656 | 6765 4545 | 6545 6545 | 5654 3434 | 5434 5434 |

4543 2323 | 4323 4323 | 3432 1212 | 3212 3123 | 1234 567i̇ |

㊵

2̇i̇76 5432 | 1234 567i̇ | 2̇i̇76 5432 | 1324 3546 | 576i̇ 7̇2̇i̇7 |

6i̇76 5765 | 4654 3543 | 2432 1232 | 1123 4567 | i̇ 0 0 ‖

【练习提示】

快弓是二胡演奏中重要的弓法之一，它擅长表现欢快热烈的情绪、渲染激烈奔放的气氛。演奏快弓时右手握弓要实、右腕勿软，要以小臂前部靠近手腕的位置为动作的主导部位，肩关节要以"旋"的动作为主方可奏出松弛有力、清楚而有弹性的快速音符。奏快弓时，两手的配合要敏捷，同时要注意运弓的速度与运弓部位的自然协调。

快弓练习曲要从慢速练习开始，演奏时要注意两手的密切配合及换弦动作的灵活，右手指要随时体会弓毛挂弦时的摩擦状态以保证所奏音符的"颗粒性"。

快弓练习二

1＝G（5̣ 2弦）

♩＝124

$\frac{2}{4}$ 5̣ 11 1713 | 2327 115 | 5̣ 55 4543 | 2171 2 34 | 5̣ 55 6546 |

⑩

5654 345 | 2524 3432 | 1567 1234 | 5555 4564 | 5654 345 |

2565 4543 | 2571 2176 | 5555 6567 | 1767 1713 | 2543 2321 | 7567 1 0 |

⑳

5̣ 11 1713 | 2327 1715 | 5555 4543 | 2171 2234 | 5̣ 55 6546 | 5654 3453 |

2666 5654 | 3543 2432 | 1567 1712 | 3212 3234 | 5 05̣ 5 | 1 - ‖

乐 曲

幸 福 的 花 朵

潘振声原曲
赵寒阳改编

1=D（1 5弦）

中速稍快 欢快地

1.《幸福的花朵》学唱情况抽查。

2. 老师示范演奏。

3. 指导学生视奏。

4. 课后练习要求。

A. 从慢到快练习，熟练后以每分钟 108 拍为宜，且不超过每分钟 120 拍。

B. 注意两手的密切配合及换弦动作的灵活。

C. 体会琴弓擦弦的状态以保证所奏音符的"颗粒性"。

D. 熟练后自主安排演奏时的表情及力度变化。

F. 乐曲《幸福的花朵》第二乐段反复时改用推弓起。

四、作业布置

1. 快弓技术动作练习。

2. G 调第一、二把位音阶练习。

3. 背奏本节课所学的快弓练习曲及乐曲。

【教学反思】

联想是利用事物间的相似性或相对性，由一个事物感知或回忆另一个事物的思维活动，它在学生心理活动中占重要地位。比喻法教学能使学生在已经熟悉的生活动作和没有掌握的演奏动作之间建立起联想，以便尽快体会到动作的感觉。比如，学员持弓时抓得太紧，就可以让他想想吃饭时拿筷子的感觉，这样能使学员尽量放松。又如这节课的快弓动作，学员右手手腕常常僵硬，这时让他做做扇扇子的动作，对帮助他体会正确的快弓动作有很大的帮助作用。再如，为了使学员在换弓时尽量减少痕迹，可先让他做几遍用勺舀汤的动作，帮助他理解换弓动作的协调性和细致性。经过反复的联想与练习，就比较容易正确掌握这些动作了。

在运用比喻法教学时要注意的是：

1. 比喻自然，避免生搬硬套。

2. 语言提示要明确，动作和神态要醒目，这样能增加联想的强度。

3. 要反复讲述，增加联想的次数。

4. 所用比喻尽量选择学生非常熟悉的，同时又是他们兴趣爱好的事物。

5. 不要一比多用或多比一用，以免引起思维的混乱。

《横板反手推挡》乒乓球教学设计

长沙市少年宫　胡颖佳

【教学内容】

横板反手推挡。

【教材分析】

乒乓球是我国的国球，有着广泛的群众基础，并且随着我国乒乓健儿一次又一次在奥运会、世界锦标赛等各种国际大赛上夺得冠军，人们对乒乓球这项运动的热情更是日益高涨。乒乓球运动集健身、竞技、娱乐于一体，具有球小、速度快、变化多、设备简单、运动量可大可小，以及不受参与者年龄、性别和身体条件限制等特点。经常练习乒乓球不仅可使头脑反应快、身体灵活，而且可以改善人的心肺功能，提高心肺工作效率，增强心血管系统和呼吸系统的功能，从而提高整个身体机能水平。

【适用班级】

乒乓球启蒙班。

【教学目的】

1. 进一步掌握乒乓球反手推挡球技术，使 100％的学生学会反手推挡球技术，80％的学生能够较熟练运用这一技术。

2. 通过乒乓球的反手推挡技术练习，提高学生的快速反应能力及身体灵活性。

3. 培养学生良好的意志品质以及对乒乓球的热爱之情。

【教学难、重点】

在前臂向前送的过程中，完成弹拨球动作；有效地把身体各部分的力集中在击球的一瞬间。

【教学准备】

多媒体课件，乒乓球，乒乓球拍。

【教学时间】

1课时。

【教学过程】

一、课堂导入

师：上课前我们来看一个关于汽车雨刮器运动轨迹的视频。（PPT播放视频）大家看到了什么？

生：雨刮器在擦玻璃。

师：是的，你们刚刚看到的是雨刮器的运动。同学们观察一下，雨刮器是怎么运动的？请你模仿一下。

学生模仿，以手肘为支点，左右摆动。

师：非常好，今天我们要学习一个挥拍跟雨刮器运动轨迹有关的技能，它叫反手推挡。

二、动作示范

师：今天我们要学习的横板反手推挡技术是初学者要掌握的一项基本技术，也是初学者要在反手位还击上旋球的一项进攻型技术，下面我就来讲解乒乓球横板反手推挡技术的动作要领。

师：老师做，请同学们跟着老师一起做。请同学们将两脚打开与肩同宽，含胸收腹，膝盖微屈，重心放在前脚掌上，距离球台30～40厘米，站至中线的左半台。

学生自由练习。

师：刚刚同学们挥拍时，各种姿势都有，都在尽情地发挥。那现在请观察老师和你的挥拍有什么不同呢？为了让大家更加透彻地了解整个挥拍过程，老师将从正面、侧面、背面来展示横板反手推挡动作。

正面挥拍击球动作：当来球后，球拍引拍至腹前，拍型稍稍向前倾，小臂自然回收；来球之后，以肘关节为轴，大臂带动小臂，向前上方挥动。击球点在身体的中心线偏左的位置上，在上升期触球的中上部，挥拍轨迹不宜过长，小臂挥至与大臂成大约90°角时停住，然后原路返回，再进行重复的动作。

侧面挥拍击球：当来球后，球拍引拍至腹前，拍型稍稍向前倾，小臂自然回收；来球之后，以肘关节为轴，大臂带动小臂，向前上方挥动。挥拍轨迹不宜过长，小臂挥至与大臂成大约90°角时停住，然后原路返回，再进行重复的动作。

背面挥拍击球：当来球后，球拍引拍至腹前，拍型稍稍向前倾，小臂自然回收；来球之后，以肘关节为轴，大臂带动小臂，向前上方挥动。挥拍轨迹不宜过长，小臂挥至与大臂成大约90°角时停住，然后原路返回，再进行重复的动作。

三、学生挥拍练习及实战练习

1. 学生挥拍练习。

师：下面有请一位同学上来和老师一起挥拍，其他同学仔细观察，他做得怎么样？

甲生：老师！我想来示范。

师：好！那就有请自告奋勇的甲同学上来吧！请大家看好了。开始，一、二！一、二！一、二！

乙生：老师！我觉得他站得太直了，前面您有讲到要含胸收腹，重心要放在前脚掌上。

师：嗯！对！乙同学观察得很仔细！还有吗？

乙生：老师！我知道！他没有往回收的这个动作，而是直接往前上方转出去。

师：是的！当球来后，要引拍到腹前，再向前上方挥动。你记住了老师要点，给你点赞。

2. 学生实战练习。

师：接下来进行实战练习，在实战练习中甲同学会遇到什么问题呢？

老师开始发球，学生练习 5 个球，停下来提问。

师：大家作为小老师，能指出甲同学有什么地方需要改进吗？

丙生：老师！他的站位应该站在球台中线的左半台位置。

师：嗯！讲得很好！还有吗？

丁生：老师！我觉得他击球的时间不对，他是球刚落桌很快就击球，应该是在球落桌之后的上升期击球。

师：很棒！小老师们真不错！经过大家的指导，甲同学的动作也越来越完美了。请甲同学回到座位上去吧。

四、欣赏视频及作业布置

师：同学们练习得很棒，那一起看看世界冠军们的横板反手推挡动作是怎样运用到比赛的吧，给大家观看一段精彩的视频，边看边模仿学习一下吧！

老师播放视频。

师：好，视频看完了，大家是不是觉得很精彩，也想像世界冠军一样拥有这么完美又好看的动作呀？其实他们也是像你们这样零基础每天一步一步练出来的，只要你们努力，一样也可以的！接下来布置作业，请同学们每天在家反手推挡挥拍 300 次，用手机拍一段挥拍动作小视频发到群里打卡交作业。今天的课就到这里，下次见！

【教学反思】

本节课中，课堂中创设了平等和谐的氛围，让学生在玩中学、玩中乐、玩中悟，体验到了乒乓球运动的乐趣，有效达成了教学目标。学生的反手推挡球技术动作有了较大的提高，把汽车雨刮器的原理运用到教学当中，充分激发了学生的学习兴趣，更好地消化学习知识点。

《〈咏鹅〉模仿与想象》舞蹈课教学设计

长沙市少年宫　赵　檬

【教学内容】

《中小学舞蹈（初级）教学用书》第 8 课。

【教材分析】

本教学用书根据舞蹈中级阶段学生已有的知识基础和认知能力，进行学科融合，在舞蹈课程中实施趣味教学。

【教学对象】

舞蹈中级班（三～四年级）。

【教学目标】

1. 知识与技能目标：通过舞段的练习，让学生掌握身体表现力和协调力；进行学科融合，使学生既能在舞蹈中熟识《咏鹅》这首唐诗，又能在唐诗中编创舞蹈；开拓舞蹈思维，提升学生模仿与想象能力。

2. 情感目标：锻炼合作意识，增强凝聚力，学会坚持不懈地努力。

【教学难、重点】

捕捉鹅的形象，学会用舞蹈语言表达动物形象。

【教学准备】

多媒体设备。

【教学时间】

1 课时。

【教学过程】

一、课堂导入

1. 展示图片，提问是何种动物，联想出一首诗。

老师展示四张鹅的图片。

师：同学们，你们看！这是哪种小动物呀？

生：鹅！

师：是的！那你们再仔细观察一下这四幅图片，让你们联想到了哪一首诗呢？

生：我知道，这首诗的诗名是《咏鹅》。

师：真不错，答对了！来，我们一起齐背下这首《咏鹅》。预备，起！

2. 板书。

《咏鹅》

〔唐〕骆宾王

鹅，鹅，鹅，

曲项向天歌。

白毛浮绿水，

红掌拨清波。

二、新课教学

师：这首诗是唐代诗人骆宾王所作，他用美妙的诗歌咏白鹅，我们呢，就试试用肢体动作来表现白鹅。

1. 根据第一句诗词"鹅，鹅，鹅"编创舞蹈动作。

师：首先第一句，"鹅，鹅，鹅"应该怎么表现呢？请你们做一做。（学生做动作）

师：呀！快看，这不正是一只活灵活现的大白鹅吗！我们一起来学一学。小手四指并拢，大拇指轻轻捏住，弯曲的手臂就像它长长的脖子。

学生练习，老师纠错。

2. 根据第二句诗词"曲项向天歌"编创舞蹈动作。

师：好，来看看第二句"曲项向天歌"，小鹅们跳入水里，低头喝水再仰天长歌的时候会是什么动作呢？（学生做动作）

师：咦，我发现这位同学的动作，简直美极了！我们一起学一学，低头喝水，仰天长歌。（学生做动作）

3. 根据第三句诗词"白毛浮绿水"编创舞蹈动作。

师：非常好！第三句"白毛浮绿水"，想想这时你白白的羽毛轻轻浮动在水面应该怎么来表现呢？（学生做动作）

师：哇，真好看！你来表演一下。双手扩指放于体侧，身向3点，上身前倾，抖翅的同时脚下平脚碎步。

4. 根据第四句"红掌拨清波"编创舞蹈动作。

师：接下来，"红掌拨清波"，小鹅们的脚掌是怎么划水的呀？我看看。（学生做动作）

师：这位同学做得很生动，大家一起学一学。双臂于体侧柔软地推手，右前一次，左前一次，脚下继续平脚碎步。（学生做动作）

5. 完整练习。

师：太棒了，我们集思广益，合作编创了一套白鹅动作。我们来完整地做一遍。（边念诗边跳）

师：好的，现在，我们合上美妙的音乐来一次。（放音乐）

三、拓展教学

师：你们刚刚表演得非常棒！接下来我们一起欣赏一段舞剧——《天鹅湖》。（播放视频）

四、布置作业与课堂总结

师：天鹅们美不美？是呀，长长的脖子、活泼灵巧的腿，比起可爱的大白鹅，天鹅们更加的优雅。你们想不想成为舞台中央的白天鹅呢？只要坚持不懈地学习和努力，老师相信你们也会变成美丽高贵的天鹅！请同学们回家练习舞蹈《咏鹅》。今天的课就到这里，下次见！

【教学反思】

通过与语文学科知识的有机结合，进一步提升了学生课堂积极性，课堂氛围良好，学生参与度高，知识点掌握得不错，教学目的基本达成，学生对于唐诗的储备量足以支撑本次课程。

同时，本堂课中的编创环节成为难点。大多数学生在进行创编时习惯使用上肢舞蹈语汇，缺少下肢的灵活运用；在面部表情方面稍有欠缺，这使得编创出的造型和动作不够丰富。今后应在开发肢体运用和面部表现力方面重点提升，进一步增强学生模仿与想象能力。

《书香弥漫（读后感）》写作教学设计

长沙市少年宫　苏巧新

【教学内容】

《中小学写作（高级）教学用书》第十一课。

【教材分析】

《书香弥漫（读后感）》一课内容丰富，每个栏目所涉及的内容都与读书有关："智慧锦囊"告诉学生如何多角度去读整本的书；"初试牛刀"告诉学生如何动手写一篇有分量的读后感；"知识链接"列举了常用的读书方法；"经典诵读"编排的是宋代思想家、教育家朱熹的诗《观书有感二首》；"名人名言"是孔子、韩愈等文化名人关于读书的著名论断；"名家名作"选择了童话作家写的读后感《真爱与想象为翅膀——喜读〈月亮上的恐龙〉》，从概括原著内容、谈读书感受时紧紧结合原故事情节、自然表达观点等方面提供范例；"佳作选登"选用的是创作班张铭钰的《读〈松果风云〉有感》，为学生提供同龄人的读后感作为参照。不难看出，每个栏目独立存在却又彼此关联，在教学时可以在阅读他人作品、积极分享自己的读书经历和心得的基础上，总结出写读后感的方法，再进行读后感的写作实践。

【适用班级】

写作提高班。

【教学目的】

1. 学生能背诵、积累朱熹的诗《观书有感二首》和孔子等五人关于读书的名人名言。

2. 课堂上完成一篇最近读过的一本书的读后感。

3. 引导学生热爱读书，感受读书的乐趣，总结读书的收获，并让学生自觉从所读的书中受到美好情感的熏陶，塑造优良品质。

4. 学生通过全程参与的学习与写作实践，能灵活运用常用的读书方法，独立完成不同读后感的写作。

【教学难、重点】

掌握读后感的具体写法并运用到写作实践中。

【教学准备】

PPT 课件，老师准备《松果风云》《月亮上的恐龙》《四书集注》三本书，学生自带一本最近阅读的书。

【教学时间】

2 课时。

【教学过程】

第一课时

一、激趣导入

师：宋代文豪苏轼曾说："腹有诗书气自华。"这句话受到人们的推崇，也寄寓着人们对读书人的美好赞誉。书香的浸润让读书人倍感幸运、幸福。每读完一本书，都会引起我们内心的起伏和思考。今天，我们一起来写一写读后感。（板书：书香弥漫——学写读后感）

二、明确写读后感的价值

师：这个"感"字，在这里是什么意思呢？请组个词。（学生：感悟、感触、感想……老师边听学生回答边板书：悟　想）

师：是的，读后感就是读完整本书或某篇文章以后的感想、感悟，所以，它可以是读者积累的知识，可以是读者思维的火花，也可以是读者情感的共鸣。

师：大家知道大学问家朱熹吧？他就是写读后感的高手！因为他读《论

语》《孟子》《大学》《中庸》读得好，有很多自己的感想，就把这四本书编撰到一起，根据自己的想法做了注释，后人称之为《四书》，它是儒家学派的经典。老师手中的这本书就是朱熹编撰的《四书集注》，大家有时间可以自由借阅。

三、交流读书情况及读书方法

师：你最近读了什么书？请拿出来向大家介绍一下，这本书讲了什么？读了以后你有什么感想？请分四人小组进行交流，每人的发言不少于2分钟。

小组交流读书情况。

师：老师经过巡视、倾听，发现同学们读的书都是健康的好书，"读一本好书就是和高尚的人谈话"，大家都是有智慧的，选书时要留意，最好选那些经典名著，因为经典名著是经过时间检验的、思想性与艺术性都很高的作品。

师：你在读这本书的时候，用了哪些方法呢？请看教学用书第66页"知识链接"栏目中提供的那些读书方法，你在以后读书的时候都可以用。

四、归纳写读后感的方法

师：我们读完一本书总会有些收获、感悟，将这些收获和感悟写下来就是一篇很好的读后感。请大家快速阅读教学用书第69页，这是老师写的一篇读后感。读完后请你想一想，这篇读后感让你了解到了哪些信息？你认为老师的这篇读后感怎么样？（点三至四名同学说一说）

师：谢谢大家的分享与肯定。老师归纳了写读后感的三部曲，大家请看课件。（板书：炼题 概述 例谈）

课件展示：写读后感的方法。

师：我们可以先按照老师提供的思路试着说一说，仔细想一想，再动笔。

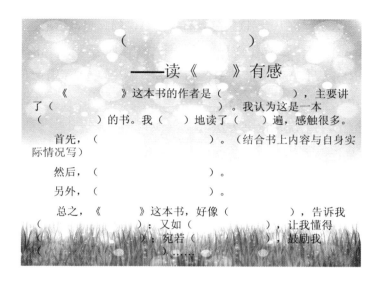

（　　　　　　　　）

——读《　　》有感

《　　　　》这本书的作者是（　　　　　），主要讲了（　　　　　　　　　　）。我认为这是一本（　　　　）的书。我（　　）地读了（　　）遍，感触很多。

首先，（　　　　　　　　　　）。（结合书上内容与自身实际情况写）

然后，（　　　　　　　　）。

另外，（　　　　　　　　）。

总之，《　　》这本书，好像（　　　　），告诉我（　　　　　　　）；又如（　　　　），让我懂得（　　　　）；宛若（　　　　），鼓励我（　　　　）……

师：同学们可以用老师提供的方法写，但如果你觉得老师的方法约束了你的思维，你也可以按自己的方法写。老师特别期待同学们能呈现有独特感悟的文章。

五、独立完成读后感写作

师：请大家将自己最近读的书拿出来翻阅，看自己之前有没有做些记录、思考，如果有，正好可以写进读后感里；如果没有，现在进行思考也不迟。以后读书，苏老师都希望大家能随时随地做些笔记。就让我们一显身手吧！请大家开始动笔写读后感。

六、自行修改习作

让学生将自己写的习作多读几遍，并将明显的错误修改过来。

第二课时

一、学习名人名言

师：中华文明璀璨夺目、源远流长，这其中凝聚着一代又一代读书人的心血与智慧，不少名人留下了很多关于告诉世人读书的至理名言，你知道哪些呢？让我们采撷几句记在心中吧！

（PPT 展示）

师：请同学们先读一读，记一记，再说一说自己的理解。

二、积累关于写读书的两首古诗

师：上节课，老师和同学们谈到了朱熹，现在我们来学一学他读书后写的两首读后感诗吧！

（PPT 展示文字）

观书有感二首

［宋］　朱熹

其一	其二
半亩方塘一鉴开，	昨夜江边春水生，
天光云影共徘徊。	艨艟巨舰一毛轻。
问渠哪得清如许？	向来枉费推移力，
为有源头活水来。	此日中流自在行。

师：请听老师朗读一遍，同学们边听边思考，这两首诗讲的是什么？如果有不明白的地方请提出来。

师：请同学们自由阅读教学用书第 67～68 页，对照诗意，将自己不懂的地方写上注释。然后同桌两人一组，用你们喜欢的方式将这两首诗背诵下来。

三、阅读同伴优秀习作

师：教学用书中收录了上届同学的一篇读后感《读〈松果风云〉有感》，请

你认真读一遍，然后谈一谈对这篇读后感的看法。（请四名以上同学发言）

师：同学们用上节课学到的方法以及自身体会等对这篇文章进行了评议，这很好。这篇文章是张铭钰同学写的，属于有感而发。从她写的读后感，我们可以看出她是非常用心地读了《松果风云》，对书中的角色形象了如指掌，她还在读后对环境保护的问题进行了深入思考，提出了自己的建议。这样的读后感是有价值的，能激发读者读原著的欲望，能引发读者的思考，同时还见证了作者的成长。期待同学们写的读后感也能如此。

四、同伴互助，进行读后感习作点评、修改

师：好文章都是改出来的。为了让我们的读后感更有分量，请大家就同桌写的读后感进行阅读学习，并提出修改建议。原作者先看同伴的建议是否合理，如果认为合理，请接受并进行修改。双方都同意帮对方改，也行。但作者如果对修改建议有异议，可以找老师咨询。大家改满意后请交给老师，老师将这些学习心得一一阅读后，再将自己的心得与同学们交流。

五、总结延伸

师：好的读后感是读者智慧与心血的结晶。宋代大学问家朱熹在《观书有感二首》诗中说："问渠——哪得清如许？为有——源头活水来。"（引导学生齐背诗句）让我们坚持好读书、读好书，勤思考、乐动笔，沐浴着书香、睿智、从容、自信地行走在人生大道上，书写出属于自己的华彩篇章！

【教学反思】

多年的写作教学实践让我知道，学生不大喜欢写读后感。用他们的话说："书是看了，没什么感想，读后感写不出来。"现在都倡导阅读，而读后感是检查阅读效果的有效方式，因此我决定将如何读书、如何写读后感的内容编成一本书，期待学生爱读书，乐写读后感。本教学设计在多个班级实践后，感觉基本上实现了教学用书编写时的目的，学生读课外书的劲头十足，在课堂上写的读后感也有模有样。其可取之处在于：

渲染读书有用的氛围。老师的教学语言在准确、清晰的基础上有一定的文采，能给学生很好的文化浸润、滋养。教学过程中安排积累名人谈学习的名言，背诵朱熹的古诗《观书有感二首》，分享大学问家读书成就自身功业的

故事……这些无一不与读书或读完书动笔写有关，学生能感受到扑面而来的书香与智慧，能强烈地感受到读书的价值不可估量。

归纳实用的写作方法与修改形式。对初学写读后感的学生来说，老师归纳的"炼题－概述－例谈"三部曲简单明了，通俗易懂，用起来很方便，学生可以马上实施。事实证明，学生按这样的方法写出来的读后感，能较好地表达出他们读书的感受。至于习作的修改，学生自己改、同伴建议或相互改、老师批改都是可以的，前两种方法，学生因参与其中，印象会更深刻。

倡导"和而不同"的个性表达。无论是对古诗或名人名言的理解，还是写作方法、思路安排，我都会给学生自由发挥的空间。不框死、不求整齐划一，这样不同基础的学生都能学有所获。不然，那些阅读面广、思维深邃的学生就会被老师束缚。事实上，世上没有特立独行的写作，写作与听、说、读"手足情深"，写作与阅读、积累"同气连枝"，写作与学生的思维发展、品性养成也密切相关，写作教学的设计要有大格局、大视野。

本教学设计的不足之处在于安排的教学内容比较多，学生的思维需高强度运转方能完成，可以考虑将佳作阅读、古诗词积累内容安排在课余时间进行。

《神奇的"线"》舞蹈教学设计

长沙市少年宫　张芳辉

【教学内容】

综合实践活动——《神奇的"线"》。

【教材分析】

本课是根据少年宫的学制特点，从少年宫学生的实际情况出发，积极践行舞蹈与其他学科融合的新理念，以启发式教学为主的综合实践活动内容，致力于培养学生发现美、感受美、表现美、创造美的能力。在组织实施活动时，可以充分调动学生的生活积累。

【适用班级】

舞蹈中级班（三～四年级）。

【教学目的】

1. 知识与技能目标：让学生基本掌握队形站位的要素，了解舞蹈队形的随机编创方法。

2. 情感目标：在愉快的氛围中，激发学生的主观能动性，通过个体、集体创造活动，认识个人的重要性及创造潜能，提升集体荣誉感和合作交流能力，实现个人价值。

3. 过程与方法：观察、启示、创编、探讨、合作。

【教学重点、难点】

队形创编的方法。

【教学准备】

白板，多媒体教学设备。

【教学时长】

1课时。

【教学过程】

一、情境导入

师：同学们，请坐上老师的小火车，我们准备出发了。

放音乐，将队形拉成圆形。

二、找"线"

师：同学们，我们教室内存在哪些线条?

生：把杆是直线，垃圾桶是圆弧线。

师生总结，老师板书。

1. 直线。

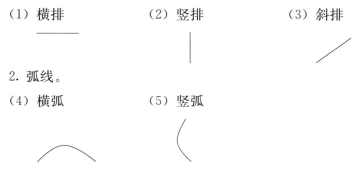

（1）横排　　　　　（2）竖排　　　　　（3）斜排

2. 弧线。

（4）横弧　　　　　（5）竖弧

三、玩"线"

小火车排排站游戏，反应练习，分为两组，以组为单位合作组成四种单一"线条"。

1. 老师发出口令。

2/4　请你｜组成｜横—｜线—‖

　　　请你｜组成｜竖—｜线—‖

　　　请你｜组成｜斜—｜线—‖

　　　请你｜组成｜横弧｜线—‖

在口令结束后，学生迅速反应，展现成果，以此类推。

2. 师生一起总结四种单一队形的站位要素：比肩对齐、间隔均等。（板书）

3. 老师播放音乐，省略口令，直接念出每个线条对应的数字编号（1、2、3、4），让学生加速反应，并熟练编号口令。

四、组"线"

将每一种单一线条进行组合，引导学生探索新的队形，总结出创编队形的方法。

1. 由老师给出算式，学生画出相应队形。如"1＋1"（双横排）、"3＋3"（正八字形、倒八字形、尖形、双斜排）、"4＋4"（圆形、双弧线形、横S形、竖S形）、"1＋2"（正十字形）、"1＋3＋3"（正三角形、倒三角形）、"1＋1＋2＋2"（正方形、长方形）等，每一种组合或者叠加可以碰撞出各种可能，形成各式各样的新队形。

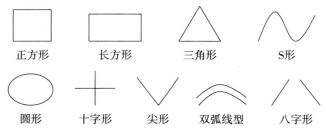

| 正方形 | 长方形 | 三角形 | S形 |

| 圆形 | 十字形 | 尖形 | 双弧线型 | 八字形 |

2. 师生共同归纳总结方法，给予学生尽情发散思维的空间。

老师板书：交错、连接、叠加。

3. 以组为单位，自行创编三种算式，并合作完成队形的搭建。

五、说"线"

师：队形存在于舞蹈作品中的每一处，不可或缺，它让舞蹈艺术成为"流动的绘画""活动的雕塑"。今天，同学们探索到各种奇思妙想的新队形，基本掌握了队形编创的方法。那么，除这些队形外，还有哪些可能呢？这些队形又该如何进行排兵布阵、如何流动切换呢？未来我们再一起慢慢探讨。

【教学反思】

　　通过实践课堂反馈，学生们参与度非常高，知识点也基本掌握。组线环节是本堂课的亮点，将抽象问题形象化，用数学中简单的算式让学生的大脑快速找到组线的编创方法，发现自我潜能，为后续的创编活动奠定了心理基础。同时，这一环节的实际运用部分成了此节课的难点。在分组呈现创编队形过程中，学生遇到了一些问题，有些挫折，比如不知该如何分配站位、如何切换，还需认真思考如何更好地提升此部分的可操作性。

　　在舞蹈教学中，队形的学习和运用一直被认为是老师的事情，在课堂组合和群舞排练中都是老师统一安排每一个学生的站位和流动路线。通过此次课堂尝试，发现舞蹈教学不仅要"授之以鱼"，更要"授之以渔"；学生不仅要"知其然"，更要"知其所以然"。

后 记

　　长沙市少年宫申报立项的长沙教育科学"十三五"规划课题"中小学校外教育教学用书开发与实施的研究"（批准号 201702）正式开题以来，得到了湖南大学教育科学研究院、长沙市教育科学研究院专家的悉心指导。全体课题组成员共同努力，潜心钻研，课题研究工作实施顺利且取得了一定的成效。课题组老师编撰的专业教学用书，深得学生的喜爱。这套书也见证了师生在一起学习的美好时光。教师们在课题研究工作中的思考与实践，一方面促进了自身的成长，另一面助力了学生的成材。本书收录的教学论文与教学设计真实地反映了一线校外教育工作者对这份教育事业的挚爱和对学生的关切。

　　长沙市少年宫的教师在课题研究过程中，专业水平与专业教学能力得到了提升。在首届湖南省青少年宫系统第一届教师技能比赛中，来自全省 14 个市州 50 多个青少年宫的 400 多名省青少年宫系统教师参加比赛。长沙市少年宫选派 6 名优秀青年教师参赛，胡玲好的中阮和陈志坚的二胡演奏，周扬的书法作品与周圆圆的绘画作品分别获得器乐、书法、绘画 3 个项目的 4 个最高奖——特金奖，另外两位参赛教师也分别获得金奖和银奖。三年来，长沙市少年宫各专业教师在各级各类比赛中当评委、考官 122 人次；开展大型主题讲座多场，市级以上评优 100 余人次，发表作品 7 篇，出版文学专著 1 本；长沙市少年宫的学生在各级各类声乐、器乐、舞蹈、书法、文学、科技比赛中获奖 400 人次，参加各种演出 420 余人次……师生同奋斗，共成长，信心满满，幸福满怀。

　　在湖南省教育厅、长沙市教育局、长沙市教育科学研究院、湖南教育出版社等单位的大力支持下，长沙市少年宫的《中小学校外教育教学开发与实施研究》一书顺利出版，这对总结课题经验、推广课题成果具有重要意义，对弘扬以科研繁荣校外教育事业具有引领价值。感谢所有在课题研究工作中付出智慧与心血的专家、领导、同仁！

唐冬梅

2020 年 8 月

图书在版编目（CIP）数据

中小学校外教育教学开发与实施研究/长沙市少年宫著. —长
沙：湖南教育出版社，2020.9
ISBN 978－7－5539－7683－9

Ⅰ. ①中… Ⅱ. ①长… Ⅲ. ①中小学—校外教育—教学
研究—长沙 Ⅳ. ①G632.428

中国版本图书馆 CIP 数据核字（2020）第 151007 号

中小学校外教育教学开发与实施研究

ZHONG-XIAOXUE XIAOWAI JIAOYU JIAOXUE KAIFA YU SHISHI YANJIU

责任编辑：黄 璞 李 欣
责任校对：任 娟 曾朝晖
出版发行：湖南教育出版社（长沙市韶山北路 443 号）
网　　址：www.bakclass.com
电子邮箱：hnjycbs@ sina.com
微 信 号：贝壳导学
客服电话：0731－85486979
经　　销：湖南省新华书店
印　　刷：湖南省众鑫印务有限公司
开　　本：710 mm×1000 mm　1/16
印　　张：14.25
字　　数：202 000
版　　次：2020 年 9 月第 1 版
印　　次：2020 年 9 月第 1 次印刷
书　　号：ISBN 978－7－5539－7683－9
定　　价：40.00 元